普通をずらして生きる

ニューロダイバーシティ入門
INTRODUCTION TO

NEURODIVERSITY

伊藤穰一
千葉工業大学学長
松本理寿輝
まちの保育園・こども園代表、JIREA 代表

普通をずらして生きる　ニューロダイバーシティ入門

CONTENTS

目次

はじめに

人と話すのは苦手でも、絵やダンスで思いを鮮明に伝えられる人がいます。ちょっとした音や光で激しく動揺してしまうけど、心が休まる環境さえ与えられれば、高度な計算やプログラミングにずば抜けた能力を発揮する人がいます。

このような人たちの中には、現在の医療制度では発達障害や自閉症と診断される人もいます。「障害」であり「症状」であると考えられているこれらの特性は「非定型発達」とも呼ばれ、これまでの学校や会社で求められてきた集団行動や規律とは、相性が良いとはいえません。

だからほんの少し前までは、非定型の人々は能力が欠如した人、発達が遅れている人と見なされ、「標準的な」能力を身につけるためのトレーニングを課されたり、「標準的な」人(=定型)たちとは別の場所で学び、働くことを余儀なくされたりしてきました。

今、「ほんの少し前までは」といいました。それは、近年は「合理的配慮」と呼ばれる概念が広まりつつあるからです。非定型の人たちも無理をすることなく、定型の人たちと同じような生活を送る権利があり、そのために社会の側がバリアフリー化やさまざまな支援を行わなければならないという考え方です。

しかし、合理的配慮の取り組みはまだまだ道半ばです。またそれと反するように、社会経済が苦しくなりつつある中で、弱者切り捨ての論調が発生することさえもあります。非定型の人が定型的になるための努力を課される状況は、大きくは変わっていないといえるでしょう。

ところで、この本の共著者である伊藤穰一《じょういち》と松本理寿輝《りずき》は、ある「学校」を作ろうとしています。そこでは、集団行動や一律的な学習に馴染みにくい子どもたちには、その子に合った環境と学習、活動が保証されます。それどころか、これまでは定型に分類されてきた子どもと、非定型と見なされた子どもを、等しく「多様性」の一つの表れとして考え、一人ひとりの個性として尊重します。

この「多様性」は、より正確にいえば「一人ひとりに固有の脳神経の働き」がもたらす多様性です。〈脳神経＝neuro〉の〈多様性＝diversity〉ということで、「ニューロダイバーシティ」と呼ばれるこの考え方が、私たちの学校の根幹をなし、出発点となります。

すでにお気づきかもしれませんが、合理的配慮とニューロダイバーシティは、重なり合う方向性を持ちつつも、別の概念といえます。個性や特性がもたらす不利益を小さくするという部分はほぼ同じでも、常に配慮「する側」が配慮「される側」

を助けるという一方通行性は、ニューロダイバーシティにはありません。それはこの概念が、これまで定型と見なされてきた人々の見えざる困難にも光を当て、非定型の人たちとともに困難の克服を目指すための思考や行動を促すものであるからです。

さらに私たちは、ニューロダイバーシティに基づく教育や保育のあり方は、これまでの教育が陥ってきた不自由さを打破するものであると確信しています。伊藤はMIT（米マサチューセッツ工科大学）メディアラボで出会った多くの優れた「非定型」たちとの交流を通じて、また松本は東京都内6カ所の認可保育所・認定こども園「まちの保育園・こども園」での子どもたちとの交歓から、本来は発揮されるべきであった感受性や個性、能力が、画一的な環境とカリキュラムの下で発揮されずにいることを痛感しているからです。

この本では、松本がニューロダイバーシティを掲げる学校づくりの「実践」を語り、伊藤がその実践を下支えする「理論」を語ります。松本、伊藤両名それぞれに数時間のインタビューが行われ、それをライターの柳瀬徹が章ごとに構成し、本人たちが加筆修正を施すことで完成に至りました。さらには、ニューロダイバーシティの優れた実践者や、その家族のインタビューも交えて、ニューロダイバーシティが持つ可能性の大きさをお伝えしたいと考えています。

「実践」に「理論」と、少し堅苦しい言葉を並べてしまいました。しかし、たとえば「まちの保育園・こども園」での取り組みを紹介するページを開いていただければ、そこが楽しさと驚きに満ちた場所であることを、感じ取っていただけるのではないかと思います。もちろん課題はたくさんありますが、楽しさに共鳴してくれた地域の皆さんと知恵を出し合いながら、課題を一つひとつ乗り越えていくそのプロセスもまた、楽しさと驚きの連続です。

ニューロダイバーシティの世界へようこそ!

序章

ニューロダイバーシティとは何か？

伊藤穣一

WHAT IS NEURODIVERSITY?

ニューロダイバーシティという概念は、1990年代後半に提唱された、まだ歴史の浅い考え方です。非定型の人たちが自らを定型と同じように振る舞うことを強いられたり、定型に近づける努力を義務付けたりされることなく、その人らしく生きられる社会となることを目指した、一種の社会運動を象徴する言葉ともいえます。

しかし近年は、神経学的に多様な人が共に学び働くことの「効用」にも注目が集まっています。メタバースやweb3、さらにはAIといった新しい技術の急速な発展も、この潮流を強く後押ししています。

ここではニューロダイバーシティが、運動の枠を超えた大きな変革をもたらしている背景について考えてみます。

「私たち抜きに私たちのことを決めるな」

まずは運動としてのニューロダイバーシティの歴史を、ざっと振り返ってみましょう。アメリカでは1950年代後半から60年代前半にかけて、「公民権運動」と呼ばれる社会運動が大きな広がりを見せました。アラバマ州モンゴメリーで、白人男性にバスの席を譲るのを拒否したローザ・パークスや、彼女が投獄されたことに抗議するためのバス乗車ボイコットを呼びかけたマーティン・ルーサー・キング・ジュニア牧師が、しばしば運動を象徴する存在として語られています。64年には公民権法が成立、65年には選挙投票権法が制定されるなど、公民権運動は法的にも大きな成果を上げましたが、差別撤廃の大きな波を起こし、その波紋をアメリカのみならず世界中に広げたことは人類史的な達成だったといえるでしょう。

ただし、公民権運動はアフリカ系アメリカ人の権利だけでなく、障害者、性的少数者、少数派（マイノリティ）の人たちに多数派（マジョリティ）と同等の権利を与え、差別を撤廃することを求めた運動でした。そしてそれは60年代に終焉したわけではなく、さまざまなバックラッシュ（運動への反動・反発）に抗いながら、今でも続いている運動です。

これらの運動から出てきたとされるのが、マイノリティが自分自身の権利を守り、権利を守るために必要な支援を要求し、自らが望む生き方をするために声を上げることを意味する「セルフアドボカシー」という言葉です。日本語では「自己権利擁護」とやや生硬な訳語が当てられていますが、self-advocacy にはもう少しキャッチーでメッセージ性の強い響きがあります。

そして、2006年に国連総会で採択された「障害者の権利に関する条約（障害者権利条約）」の前提とされた、"Nothing about us without us（私たち抜きに私たちのことを決めるな）"は、セルフアドボカシーを表すスローガンとなりました。それまではマイノリティへの不当な差別はもちろん、権利拡大も、マイノリティ自身のあずかり知らぬところで決められていましたが、何よりも当事者に決めさせてくれ、議論に参加させてくれという叫びが、このスローガンにはこめられています。

最近ではこのような考え方は、「当事者性」とも呼ばれています。たとえば日本では、「女性の活躍」を謳った会議のメンバーに女性が一人もいないといったことがしばしば起こり、批判を集めていますが、これは「当事者性の不在」が問われているといえるでしょう。当事者性の強調については議論の余地がありますが、昨今のアメリカではマイノリティの権利拡大を目指す団体の主要メンバーに、当事者がいないということはまず考えられません。

運動としてのニューロダイバーシティも、"Nothing about us without us"と同じマインドに立脚しています。もともと英語圏において自閉症や発達障害は、ギリシャ語で自己を意味する「autos」を語源とする「オーティズム（Autism）」と呼ばれています。その言葉には「自己」や「自律」のニュアンスはあっても、日本語訳にあてがわれた「閉」の響きは全くありません。オーティズムの子を持つ親たちが中心になり、全米各地で多様なセルフアドボカシーのアクティビズム（特定の意思や思想を持った行動）が起こり、06年にはそれらの運動をネットワーク化する"Autistic Self Advocacy Network"（ASAN）が立ち上がっています。オーティズムに限らず、当事者に決定権のないアクティビズムは、アメリカではほぼありえないといえます。

日本ではまだまだ当事者やその家族によるアクティビズムは少ないですが、喜びや楽しさ、カッコよさをまとって行動する人々は増えていて、この本でもその一端をご紹介していきます。

多様性とイノベーション

テンプル・グランディンは、自閉症を抱えながら動物学者として世界で活躍してきた人物です。自閉症への理解を広げる啓発活動も行ってきた彼女は、しばしばジョークとして「ほとんどの天才は自閉症である」と言っています。このジョークには「ただし、ほとんどの自閉症は天才ではない」というオチがつくのですが、それはともかく、私もMITで数多くの突出した能力の持ち主と知り合いましたが、その多くに自閉症やADHD（注意欠陥・多動性障害）の人々特有の行動様式を見ました。そうした人々の多くが、生活全般では集団行動や他者への適応に苦労するものの、特定の思考・行動においては傑出した能力を示すのです。

「ただし、ほとんどの自閉症は天才ではない」というオチが示すように、大半の自閉症やADHD、つまりは「ニューロダイバージェント」がそのような能力を示すわけではありません（もちろん「能力を発揮できる環境が与えられていないだけ」の可能性もあります）。フィクションにもしばしば登場する「自閉症の天才」のイメージが流布し、プレッシャーや誤解に苦しめられてきた自閉症者本人や、家族や支援者も少なくありません。そもそも人の価値は、現在の社会で評価可能な能力の高低にかかわらず等しくあるという根幹を見失ってしまっては、この本に存在意義はありません。この点は何度でも強調したいと思います。

ただし、他者の脅威や、知覚への過度な刺激から守られたニューロダイバージェントが、しばしば特定の領域で傑出した能力を示してきたことも事実です。

その理由はさまざまに推測されてきました。たとえば「人間の能力はおおむね平均的に散らばっていて、大きな欠如がある者は大きな過剰も抱えているのだ」、あるいは「視覚障害者が音や位置情報に敏感になるように、知覚が限定されるからこそ研ぎ澄まされる能力があるのだ」、または「誰でも快適で集中できる環境が持続的に与えられれば、眠っていた能力が覚醒する」といった多様な見方がありますが、私たちにとっての論点はそこではありません。

考えるべきポイントは主に三つです。一つは、ニューロダイバージェントに潜んでいるかもしれない可能性が発揮されないままでいるのは、巨大な社会的損失であるということ。もう一つは、社会全体の損得を超えて、すべてのニューロダイバージェントに可能性は与えられるべきではないかということ。そして最後のポイントは、これまで定型＝ニューロティピカルを自認し、周囲からもそう見なされてきた人の中にも、マジョリティを想定した環境設計では能力を発揮できない人がいるのではないかということです。最後の問いは究極的には「すべての人はニューロダイバージェントである」という転換をもたらすはずですが、ここではそれは急がず、広く受け入れられているニューロダイバージェントとニューロティピカルの区別に沿って話を進めます。

定型の「苦しさ」を解放する

アメリカの自閉症協会は、ジョーク交じりにニューロダイバージェント（協会による呼称では「エイティピカル」とニューロティィピカルを比較して、それぞれの特徴を紹介しています。あくまでもジョークであることを念頭に置いて読んでいただきたいのですが、自閉スペクトラム症（ASD）に代表されるニューロダイバージェントの特徴にはこのようなものが挙げられています。

・自分が必要な時だけコミュニケーションをする。
・反復的で一方的、形式的で回りくどい。さらに些細なことでも柔軟に交渉できずこだわる。
・率直に本当のことを言いすぎる。嫌いな人に「お前は嫌いだ」と言う。
・自分だけが長々と話し続ける。断りなしに話題を変える。
・相手を不愉快にさせる言葉遣いをする（自分ではそう思っていない）。
・視線や表情、対人距離などの問題がある。近すぎたり離れたり。
・相手の言葉の意味を推論できない。言われた通りに解釈する。
・冗談や比喩、反対語の理解が困難。

どうでしょうか？　自分の都合で会話をしたりしなかったりするし、興味のあることにこだわるし、ズケズケとキツい言葉を投げてくるし、こちらのジョークや含意は理解しようともしない、そんな人たちと行動を共にするのは大変そうに思えます。何らかの棲み分けをしたほうがお互いにとって幸せなのでは、と考えても無理はありません。

ではニューロティピカルにはどのような特徴があるのでしょうか?

・ニューロティピカルは全面的な発達をし、おそらく出生した頃から存在する。
・非常に奇妙な方法で世界を見る。時として自分の都合によって真実をゆがめて嘘をつく。
・社会的地位と認知のために争ったり、自分の欲のために他者を罠にかけたりする。
・テレビやコマーシャルなどを称賛し、流行を模倣する。
・特徴的なコミュニケーションスタイルを持ち、暗黙の了解でモノを言う傾向がある。
・ニューロティピカル症候群は社会的懸念へののめり込み、妄想や強迫観念に特徴付けられる、神経性生物学上の障害である。
・自閉スペクトラム症の人と比較して、非常に高い発生率を持ち、悲劇的にも1万人に対して9624人と言われている。

いかがでしょうか? 怒り出す方もいらっしゃるかもしれませんが、自分に都合良く物事を解釈したり、名誉欲や見栄のために時間とお金を浪費したり、流行りに乗ってみたり、はっきり意思を伝えることを避けたりする傾向は、誰にも覚えのあることではないでしょうか。ダイバージェントとティピカルのどちらが優れているということではなく、程度の差こそあれ「どちらもゆがんでいる」がゆえに得意と不得意が違うということを、このジョークはわかりやすく伝えています。互いの得意を持ち寄り、互いの苦手をカバーすることができれば、ビジネスや学習のみならず社会のあらゆる場面で、もっと可能性が広がるはずです。

また、マジョリティと目される人たちの中にも、ティピカル特有のコミュニケーションに適応できない人もいるでしょう。苦手意識を持ちつつも、「これが普通なんだ」「誰でもできることなんだ」と適応できない自分を否定して追い込み、ついに心身のバランスを崩してしまう人も少なくないことでしょう。ニューロダイバーシティは「定型＝標準＝誰でもできる」という図式を相対化し、誰もが大小さまざまな「非定型」を抱えて生きているという現実を映し出す概念です。ニューロティピカルとニューロダイバージェントが共存し、ティピカルと見なされる人でも場面によってダイバージェントとして振る舞うことができる環境は、「普通」であることの苦しみからの解放も意味しているのです。

「文系偏重」社会を変える

「文系」と「理系」というカテゴリーがどこまで本質的なものかはおくとして、

数学や物理学、工学といった理系分野に秀でたニューロダイバージェントは少なくありません。

半面、文学や政治学、社会学など広義のコミュニケーションの学ともいえる文系分野に秀でるニューロダイバージェントはあまり多くないという現実があります。ただし芸術分野についてはさまざまな才能が登場していますので、ニューロダイバーシティが社会に広まった時に文理逆転が起こる可能性も否定はできません。ただ、これまでの経緯を考えれば、ニューロダイバーシティの拡大はまず、多くのニューロダイバージェントによる理系分野での活躍という成果をすぐにもたらすことでしょう。

私がアメリカから帰ってきてまず痛感したのは、日本の企業から政治、自治体に至るまで、意思決定に関わるポジションのほとんどが、文系分野の教育を受けた人たちで占められているという現実です。理系人材は「狭く深く」物事をとらえ、文系人材が「広く浅く」状況を見る傾向があり、文系は大局に立った意思決定に長けている……という素朴な先入観が広範に受け入れられているのかもしれませんが、このような理系／文系のカテゴライズにエビデンスはなく、いってみれば血液型で経営責任者や首長を決めるのと大差ありません。先進国と呼ばれる国で、ここまで理系が意思決定に関わらない社会を私は知りません。

web3、デジタルトランスフォーメーション（DX）、スマートシティ、イノベーション……政府や省庁が掲げる政策課題を見渡すと、技術や工学を抜きに達成できるものを探すほうが難しいのが現状です。あるいはマイナンバーや新型コロナウイルス接触確認アプリ（ＣＯＣＯＡ）などの運用を見ても、意思決定やグランドデザインにもう少し理系人材が関わっていれば、と思わざるを得ません。

新型コロナウイルス感染症によるパンデミック初期の対策において、目覚ましい成果を上げた台湾では、35歳でデジタル担当の政務委員に就任したオードリー・タンが施策を指揮していました。仮に日本にオードリーに匹敵する人材がいたとして、あれほどまでにリーダーシップを発揮できる地位を与えられていただろうかと考えると、この国の文理のバランスの偏りが実感できるのではないでしょうか。

すでに触れましたが、アメリカでは理系のニューロダイバージェントが多くの分野で活躍しています。誤解を恐れずにいえば、私がＭＩＴで出会った人々のほとんどは、私の目にはニューロダイバージェントに映りました。またスティーブ・ジョブズやビル・ゲイツ、マーク・ザッカーバーグやイーロン・マスクといったテック系経営者たちの奇矯な言動がクローズアップされてきたことも、ニューロダイバーシティの観点から評価すべきなのかもしれません。

ニューロダイバーシティへの理解が広がることは、まずはニューロダイバージェントの活躍の場を広げるはずです。しかしそれはニューロダイバージェントにとっての恩恵だけではなく、クリエイティビティやイノベーションを失いつつある日本社会を再活性化させる、起爆剤になるはずだと私は考えています。

ここでは主に、ニューロダイバーシティを拡大していくことのポジティブな理由に光を当ててきましたが、最後に少し深刻な側面についても触れておきたいと思います。

ある国際調査では、自閉症の人の47%が自殺未遂をしているというデータがあります。自殺を検討した人は実に72%に上り、自閉症の人たちが生きていく上での困難がうかがえます。

この生きにくさは、おそらくさまざまな要因が絡まり合って生じていることでしょう。ただ、ニューロダイバージェントたちがありのままの姿で生きられる環境が広がることで、困難は相当に減じるはずです。それはニューロティピカルと思われている人や、ティピカルを自認しつつも生きにくさを感じている人にとっても救いとなり、社会の生産性を向上させる可能性があることは、すでに述べた通りです。

次章からはニューロダイバーシティの「学校」づくりを題材に、より多様でより生きやすい社会のあり方について、実践的に考えていきます。

第1章

「変わってる」を肯定する保育園

松本理寿輝

SUPPORT UNIQUENESS
FOR CHILDREN

階段の下にある、まるで木の幹にできた節のような小さな小さな部屋では、二人の子が何やら作戦会議をしています。一人の子が指さした方向には縁側と小さな庭があり、数人の子どもたちが泥だんごを作ったり、落ち葉を集めたりしています。作戦会議はどうやらより美しい泥だんごの作り方を巡っての、真剣な話し合いだったようです。

庭には板張りの垣根があり、板と板の隙間からは公園の光景が見えます。庭で落ち葉を掃いている男性は、子どもたちのおじいさんほどの年格好に映ります。ときおり子どもたちと言葉を交わしますが、少し距離を置いて子どもたちの行動を見守るでもなく見ている、といった雰囲気です。

庭で落ち葉を集めていた子たちは縁側に上がり、短い廊下を抜けて開け放たれた部屋に入りました。この建物は木材や漆喰でできていて、金属は手すりなどごくわずかです。夏は風が抜け、冬は陽が注ぎ、子どもたちは一年中裸足で駆け回ります。

お気に入りの落ち葉を持った子どもたちが入った部屋には、絵の具や工作道具、土粘土などがたくさん置かれ、自由に使うことができます。子どもたちは絵の具を両手で混ぜて、落ち葉に塗り始めました。葉っぱだけでなく、その手も机の上も、またたく間にマーブル模様に染められていきます。マーブル模様の葉っぱを両手でかざして、くるくると踊り始めた子もいます。色分けされた葉っぱを模造紙に置いて、大きな花の絵を作る子どももいて、同じ遊びをしているようでもよく見ると別々の発想で遊んでいることがわかります。

葉っぱで遊ぶ子たちとは別のテーブルで、土粘土をこねている子どもたちがいます。ある子はどんどんと粘土細工を大きくしていますが、別の子は粘土の傍らに画用紙を置いて、どうやら設計図を描いているようです。また別の子はそばで見守る大人に、何やらアドバイスを求めています。粘土でできたパーツ同士をつなげるための、技術的なアイデアを話し合っているようです。竹ひごと釣り糸で粘土をつなげて、動きつつも強さを持った構造にすることで、二人の意見がまとまりました。

その奥では、長い紙に何やら数列を書き込んでいる子がいます。30あるいは31までの集まりが単位になっていることからカレンダーにも見えますが、長い紙の端と端は糊付けされて、キャタピラのような円環になりました。数列の横には太陽や星々が描かれていきます……。

これは、「まちのこども園 代々木公園」のある日の情景です。お気づきでしょうか。この園では子どもたちが一斉に「同じこと」をすることがほとんどなく、保育士などの大人があらかじめ「やり方」を与えることもあまりありません。安全には十分に配慮をした上で、子どもたちは、自ら活動を選択し、考え、表現し、驚いたり、ワクワクしたりしながら、自分のアンテナとやり方で、自分自身や世界に出会っていく。そして、さまざまな人々と心を交わしながら、一人の市民として社会に参加し、行動していく。大きなことばかりではなくて、むしろ、とても、小さなジェスチャーの中にこそ、価値や意味を見出されたりもしながら。

そういった、子どものささやかな、すべてのことが、園のコミュニティ（子ども同士、園にいる大人、地域の人）から応援されている。まちの保育園・こども園では、そんな「保育」が大切にされています。

なぜこのような「保育」をしているのか。そこに私たちの考える「ニューロダイバーシティ」の鍵があります。

それぞれの「創造」に付きそう

まず、まちの保育園・こども園には年齢ごとの「クラス」がありますが、クラスメートが一日中全員で同じ活動をするということがほぼありません。たとえば、ある経験から自分が見た世界観を、絵にしてみたり、造形にしたい子どもたちは、園にあるアトリエで創作を進めたり、染め物に興味を持った子どもは地域の染め物師のところへ出かけて行ったた

まちのこども園 代々木公園 外観

り、自然散策をしたい子どもは近くの雑木林で、目にし、感じたものを探究してみたりする……というように、活動を一律的に行うことはしません。それぞれの興味や、やってみたいことに基づいて小さなグループを作って、お互いの声が聴こえる落ち着いた中で活動します。

まちの保育園・こども園での子どもとの向き合い方は、「レッジョ・エミリア・アプローチ（以下、レッジョ・アプローチ）」と呼ばれる乳幼児教育に強い影響を受けたものです。イタリア北部レッジョ・エミリア市で1960年代に確立されたこの教育アプローチには「知識は伝達されるものではなく、創造するものだ」との考えがあり、すべての子どもたちの活動の場は「アトリエ」として見立てられます。園には物理的なアトリエもありますが、雑木林や街中の雑踏すらも「アトリエ」として見立てるのが、レッジョ・アプローチのやり方なのです。

たとえば紅葉した落ち葉を直径3メートルの円の中に曼荼羅《まんだら》状にきれいに並べてみたり、街中のあらゆるものを楽器に見立てて音のサンプリングをしてみたりなど、子どもと出かけるすべての場が「アトリエ」として、この世界と新しく出会い直す創造の場になっていくのが面白いところです。

また、時間割もありません。集団生活のリズムもあるので、ランチの時間は緩やかに決められてはいますが、全員が一斉に「いただきます！」と言って食べ始めるということはあまり行っていません。それぞれの子どもが思い思いに自分自身の発

まちのこども園 代々木公園の「アトリエ」

想に沿った活動をし、その学びを皆で共有して振り返る時間を持った後、緩やかに食事の時間へと移行していきます。

保育者には保育全般を見る「保育士」だけではなく、絵画や工芸、音楽などの芸術の専門分野を持った「アトリエリスタ」と呼ばれるスペシャリストがいることも、まちの保育園・こども園の大きな特徴です。

大人が用意したプログラムをそのまま渡すよりも、子どもたちが表現する考えやアイデア、言葉に価値を置いているからこそ、子どもたちが自ら創造するための時間とプロセスを大事にします。一人ひとりのアイデアを具現化するための後押しをするのが、アトリエリスタの役割です。

レッジョ・エミリア市の各乳児保育所・幼児学校には、大学等で教育学を専攻した教育主事「ペダゴジスタ」が置かれ、保育者と共に子どもの学びに伴走します。ペダゴジスタは他園との連携や、保育者と保護者の連携も図ります。まちの保育園・こども園でも「ペダゴジカルパートナー」という役割を配置しており、日常の保育に伴走し、子どもの学びを理論的に意味付けするなど、プロジェクトの発展を構造化するサポートをし、保育者と協働しています。

まちの保育園・こども園では、子どもの多様性もさることながら、大人の多様性にも価値を置いています。園のスタッフも、「アトリエリスタ」「ペダゴジカルパートナー」、そして、後に紹介する「コミュニティコーディネーター」といったさまざまな役割があります。

チーム構成の中心となる「保育士」も、多様なキャリアと個性を持った人の集まりです。たとえばこの章の冒頭で、中庭の落ち葉を掃いていた初老の男性は、長年にわたって大手清涼飲料水メーカーで活躍されてきた方ですが、まちのこども園での教育に共鳴して求人募集に応募してくれました。園にいる子どもたちに魅了され、この仕事に大いにやりがいを感じてくださり、幼稚園教諭の資格も取得されています。このように多様なスタッフたちの存在が、まちの保育園・こども園が掲げる「多様性」と「コミュニティ」を実現してくれています。

また、私たちは子どもが育つ環境はコミュニティであるべきだと考えています。

金柑の収穫からお茶・ジャム作りまでのドキュメンテーション

子どもたちは、子どもたちの家族、地域・社会の多彩で多様な人々と出会い、心を通わせていきます。

まちの保育園・こども園では子どもが人や社会・文化・自然などと関わり、自分で選択し、考え、表現し行動していくことが、応援されています。一人ひとりは好みも、知覚への敏感さも、表現に至る時間も、表現の方法も異なります。それぞれの個性に合った創造を実現するために、このような多様性の文化が大切にされています。

子どもと親、まちをつなぐドキュメント

子どもたちの学びのプロセスを、写真や動画、音や文章で保護者や地域の方々に伝え、記録（ドキュメント）として保存することを、まちの保育園・こども園では「ドキュメンテーション」と呼んでいます。レッジョ・アプローチではこのドキュメンテーションが非常に重視されていて、子どもの様子を保護者に伝えるだけでな

く、保育者同士が子どもの理解を深めたり、次のステップとして作るべき環境について話し合ったりしています。園を訪れた人に中の様子を伝えることで、このあとにご紹介する地域との協働のきっかけになることもあります。

ある子どもの探究を追ったドキュメンテーションには、その子がどのように考え、悩み、仮説を立て実行し、修正し……といったプロセスが記録されています。園での様子を保護者に伝える機能はもちろんですが、保育士やアトリエリスタにとってどのように子どもにアプローチをすればいいのか、試行錯誤の記録ともなります。

知覚や言葉、身体動作などの特性がドキュメンテーションによって把握できれば、よりその子どもに合ったアプローチが可能になります。また、ドキュメンテーションを時系列で見ていけば、子どもの成長の様子や、じっ

子どもの環境は理解からデザインされる

くりと向き合っていくべき課題や、まだ見えていなかった可能性も見えてくるでしょう。

ドキュメンテーションはまちの保育園・こども園全体にもフィードバックされ、理論やアプローチをより発展させ、今とこれからの私たちが出会う、あらゆる子どもの学び・育ちを支えることにも貢献していきます。


私たちは、子どもが育つ環境は、子ども一人ひとりへの理解からデザインされていくべきだと考えています。「子ども一人ひとりへの理解」をどうとらえるかは、実は子どもの環境を作る上で最も大事なポイントの一つといえるでしょう。そのためレッジョ・アプローチでは、子どもへの理解を多面的に、豊かにするために「ドキュメンテーション」が大事にされているのです。

人による他者の理解は「主観」に基づくものです。子どもへの想いを持った上での、個人の「子どもへの理解」は、尊いものですし、価値があるものです。しかし、どれだけ経験を積んでも、やはり一個人の「理解」では、一面的になってしまうこともあります。

その子が持つ豊かな可能性をとらえるためには、どうしたらよいのか。私たちは、同僚やコミュニティと子どもの姿をシェアして、〝たくさんの主観〟を集めて、子どもを豊かに理解する方法を取ることにしました。その際に対話の中心に置かれる記録が「ドキュメンテーション」なのです。

「まち」に開く意味

まちの保育園・こども園がその名に「まち」を掲げていることには、大きな意味があります。子どもが多様な物事に興味を持つとき、園を取り巻く地域・コミュニティとの協働はその活動のバラエティや出会いの可能性を大きく広げてくれます。

それぞれの園にはベーカリーやカフェなど、外部の人が立ち寄ることができるスペースが設置され、園と地域が交わる中間領域的な場が用意されています。また、そもそも「まちのこども園 代々木公園」は都市公園の中にあり、園児たちは公園を訪れるさまざまな人たちと日々触れ合っています。

園名に「まち」をつけたのには二つの想いがあります。

一つは、子どもの学び・育ちを、地域・社会とつなげていくこと。これは、子どもたち

地域に向けた取り組み「まちが保育園」

カフェと保育園で共有しているエントランススペース

の多様性・創造性・可能性に向き合うためです。

もう一つは、園が、地域のウェルビーイングの拠点になること。つまり、まちづくりの担い手として園が存在することです。

世代、仕事、価値観、考え方、国籍、性別、LGBTQ、障害のある人の出会いと交流から、地域の生活文化が作られていく場としての園。出会いと交流が地域の幸せの表面積を広げていくような、地域に根ざした場として、園が存在することに可能性を感じています。

多様性が出会う場に子どもが参加すると、まちがつながりやすくなります。まちがつながると、子どもの学び・育ちは地域とつながりやすくなります。二つの想いの間にはそんな互恵性があることを、これまでの経験から感じています。

地域との連携を図るのが、それぞれの園に一人置かれる「コミュニティコーディネーター」です。たとえばある子どもが「音」に興味を持った時、もちろん園内でできることもたくさんありますが、園の「外」に一歩出れば、子どもたちの探究に多面性を与えてくれるような音楽家や専門家と出会えるかもしれません。

これまでの一律な教育カリキュラムは、限られたマンパワーやコストのもとで、多様な子どもに必要な教育を届けることで、一定の役割を果たしてきました。しかし、こと「創造」においては、一人ひとりの個性を消してしまう弊害が拭《ぬぐ》いがたくあったように思います。その限界は、園や学校の「外」に教育の場を広げることで、かなりの部分まで解消される可能性を感じています。

地域との協働は、園や保護者からの働きかけだけでなく、地域から声がかかることも少なくありません。

たとえば「まちのこども園 代々木公園」では、代々木公園との協働が生まれています。公園サービスセンターとのコラボレーションで、園の子どもたちが代々木公園の入り口広場の花壇でひまわりを育て、成長の様子から感じたことを子どもたちが絵と言葉で表現し、その花壇のひまわりの横に展示するという試みをしました。子どもたちは、自分が好きな表現（手法）から、ひまわりをそれぞれ探究し、互いの見ている、感じているひまわりをシェアします。多様な表現はしかし最終的に展示する時は「絵と言葉」のみに落とし込まれていました。一つの表現にすること

ひまわりを素材に多彩な表現が生まれる

を目指してはいなかったのですが、子どもたち自身で話し合った結果の選択でした。

　そして、子どもたちは、ひまわりとの経験から「生きるってなに？」をテーマにして、彼らの表現を進めました。


「ひまわりのめには、しゃぼんだまみたいに、なみだがたまっているんだ」

「つぼみってこうやってひまわりがしゃがんでいるっていうこと」

「たねのうえにとげがある。たねをまもるためにとげがあるんじゃない？」

　ひまわりとの物語をじっくりと展開してきた子どもたちの絵には、自分なりの世界観と、細部へのこだわりがあり、そこにこのような言葉たちが添えられていました。横で悠々と咲いているひまわりと対置され、私たちが知っているひまわりの見方が変わり、また新しくひまわりを知りなおしていくような、そんな感覚が芽生える、とても素敵な展示になりました。

その表現を目にして強い関心を持ってくださったのが、渋谷から表参道へとつながる通称「キャットストリート」、穏田キャットストリート商店会の方々です。商店街の会長さんと事務局長さんのご厚意で「キャットストリートの街灯に、子どもたちの絵を飾るのはどうか」というお話を進めていただき、子どもたちの絵を印刷したフラッグが街灯に飾り付けられました。

ご存じの通り、キャットストリートは多くの人で賑わうスポットです。そこに子どもたちの絵がはためくことは、子どもたちが街に参加する機会を作り出し、子どもたちの創造性を広く伝える役割を果たしました。地域のお米屋さんや遠隔地の農家の方々と一緒にお米を作ったり、着付け屋さんとのワークショップを開くなど、協働はどんどん広がっています。

協働を行う際に、重要な資料となるのが先にご紹介したドキュメンテーションです。子どもたちの個性や探究のプロセスを外部の方と共有する上で、ドキュメンテーションが果たす役割は非常に大きなものです。ドキュメンテーションを見た外部の方が、コラボレーションのアイデアを出してくれることもあります。

このようなコラボレーションが広がることで、土地や建物を所有している個人・団体からのお声がけもいただけるようになりました。

「まちの保育園 六本木」は、森ビル様との出会いから、ビジョンを共有した上で実現できた園でした。また「まちの保育園 吉祥寺」はかつて幼稚園に土地を貸していたオーナーさんの、「もう一度子どもたちの声が聞こえる場所にしたい」という想いを私たちが受け取り、開園できた経緯があります。

代々木公園のこども園のある場所にはもともと、東京都の倉庫がありました。待機児童解消という課題を抱えていた東京都および渋谷区と、レッジョ・エミリアとの研究拠点を保育所に付属する形で公共的に作りたいと考えていた私たちとのニーズが合致し、公募ではあったのですが、認定こども園として開園が実現しています。南青山に開校予定の「ニューロダイバーシティの学校」も、こども園・保育園での活動を知ってくださっていたオーナーさんの理解があり、新規事業ではありますが、ビルの建て替えと共に新築で入居できることになりました。思えば、地域に開くことを目指す中で、その「地域」との一番初めの出会いは、いつもその土地・建物に想いを持つオーナーさんであったと思います。

現実のダイバーシティと出会う

保育士や、ペダゴジカルパートナー、アトリエリスタがチームで子どもたちの言葉や表現に注意深く耳を傾け、安全に配慮しつつも必要以上の介入はせずそっと寄り添うことで、知覚や感覚、成長段階の異なる子どもたちは型にはめられることなく、日々の活動に集中しています。保護者の方々も含め、これが園の内側のダイバーシティだとすれば、コミュニティコーディネーターを介して交流する地域の人々は、園の外側にあるダイバーシティということができます。

とはいえダイバーシティは、常に優しく心地良いものではありません。私たちが現実の社会で出会うダイバーシティが、時に私たちを困惑させたり、傷つけるのと同じです。

「まちのこども園 代々木公園」は代々木公園の中にあり、小さな園庭には仕切りがつけられているものの、基本的に園の敷地と公園を隔てる壁などはありません。園児は公園でさまざまな遊びや活動を行うため、公園利用者の方々と接する機会も頻繁にあります。

代々木公園には園児たちが活動する傍らで、昼寝や日向ぼっこをしているホームレスの方もいます。

代々木公園で暮らすホームレスの方々は皆とても清潔にされていて、園児を預かる身として衛生面での不安を感じたことはほとんどありません。よく遊びに行く広場のベンチでいつも寝ている方は、すごく長いひげをたくわえ、暑い日は上半身裸で、子どもたちも自分の周りにいる大人とは少し違うことを感じ取っていたに違いありません。それでも、決して「危険な人」「関わるべきでない人」とも思ってはいない様子でした。ただ、その方が私たちとの関わりを求めていないかもしれないし、遊ぶ子どもたちの声を騒音と感じているかもしれないと思い、毎日のように顔を合わせているにもかかわらず、挨拶をしたり言葉を交わすということはありませんでした。私や保育士たちのかすかな警戒心を、子どもたちは感じ取っていたはずです。

ある晴れた日のこと、その方が寝ているベンチのそばには、夜半に降った雨による水たまりが残っていました。子どもたちは少しずつ水たまりに近づいて、水に触れて遊び始めます。寝ているその方の反応をうかがいつつ、私たちの警戒心の理由を探っているようにも見えました。

私たちは少し離れたところから、子どもたちの様子を見守ります。そばで遊んでいても知らんぷりをしていたその方は、徐々に子どもたちに関心を示し始め、子どもたちも何人かがその人のそばに寄り、言葉は交わさなくても目で会話している、そんな風に見えました。

しばらくすると、その人が何やら子どもたちに話しかけました。子どもたちも二言三言、言葉を返しています。見たところ叱られたり注意されたわけではなく、ごく自然な会話に映りました。それでも、子どもたちが迷惑をかけてしまっていたら申し訳ないと思い、私もその方のところに行き、初めて挨拶を交わしつつ、

「すみません、ちょっと騒がしかったですかね？」

と聞くと、その方は、

「いやいや、全然大丈夫だよ」

と微笑みながら答えてくれました。

この出来事は、私や保育士たちをハッとさせるものでした。ダイバーシティ、インクルーシブ教育、コミュニティ……さまざまな理念を掲げて実行しているつもりでも、いつの間にか自分たちを開いていく対象とそうでない対象を、無意識に選んでしまっていたのです。毎日のように顔を合わすその方が、もしも普通の身なりをしていたとしたら、私たちも挨拶くらいはしていたはずですが、それすらできていなかったことに気づかされました。園の運営者として子どもたちの安全を維持することは絶対条件ですし、その方がコミュニケーションを求めているのかいないのか、わざわざ関係性を作りにいくべきなのか、簡単に答えが出せることではありません。しかしすでに長い時間にわたって同じ場所を共有していて、お互いが無言のうちに信頼を置いていたはずなのに、私たちがコミュニケーションの回路を閉ざし、ロックをかけてしまっていたのです。

子どもたちはいつの間にかこわばってしまった関係性をほぐして、ロックを外してくれました。誰とでも初対面からいきなりロックを外すべきだとは思いませんが、手順を踏んで関係を構築していけばアンロックできるということを、子どもたちから教えられました。大人も子どもたちから教えられ、成長を促されるということはレッジョ・アプローチでもいわれていることですが、この出来事のみならず子どもたちから教わることは非常に多いと日々実感しています。

この出来事もドキュメンテーションによって、内部に共有されました。自分たちの考え方やスタンスを見直す大変印象深い出来事となりました。

もちろん、いろいろな方がいますので、ホームレスの方に限らず子どもの安全を保った出会いと関わりについては、細心の注意を怠らないようにしています。

子どもたちの100の言葉

まちの保育園・こども園がインスピレーションを得ているレッジョ・アプローチについても、もう少しご紹介します。

レッジョ・アプローチは、「未熟な子ども：成熟した大人」「無知な子ども：知性を持つ大人」という非対称の関係を否定します。「子どもは文化を創造する有能な主体」として考えられ、子どもの尊厳（人権）は大人と対等に認められなければならないという共通認識が、まち全体にあります。まちが子どもをそのように見ていて、子どもはそのまなざしを受けながら、まちで育ちます。

レッジョ・アプローチをリードしてきた教育哲学者のローリス・マラグッツィが、1980年代初頭に書いた詩は、現在でも、レッジョ・エミリア市の人たちの価値観の中心に置かれています。

冗談じゃない。百のものはここにある。　ローリス・マラグッツィ

子どもは
百のものでつくられている。
子どもは
百の言葉を
百の手を
百の思いを
百の考え方を
百の遊び方や話し方を持っている。
百、何もかもが百。
聞き方も
驚き方も愛し方も
理解し歌うときの
歓びも百。
発見すべき
世界も百。
発明すべき
世界も百。

夢見る
世界も百。
子どもは
百の言葉を持っている。
（ほかにも、いろいろ百、百、百）
けれども、その九十九は奪われる。
学校も文化も
頭と身体を分け
こう教える。
手を使わないで考えなさい。
頭を使わないでやりなさい。
話をしないで聴きなさい。
楽しまないで理解しなさい。
愛したり驚いたりするのは
イースターとクリスマスのときだけにしなさい。
こうも教える。
すでにある世界を発見しなさい。
そして百の世界から
九十九を奪ってしまう。

こうも教える。
遊びと仕事
現実とファンタジー
科学と発明
空と大地
理性と夢
これらはみんな
共にあることは
できないんだよと。
つまり、こう教える。
百のものはないと。
子どもは答える。
冗談じゃない。百のものはここにある。

（佐藤学 訳）

この詩には、大人から子どもへと知識が一方向で伝えられる教育のあり方とはほぼ真逆のイメージが描かれています。むしろ大人が子どもの学びに制限をかけて「百の世界から／九十九を奪ってしまう」教育が、痛烈に批判されています。「頭と身体を分け」て、「手を使わないで」かつ「頭を使わないで」、「楽しまないで理解」

することで、100あった可能性が既存の知識＝1に落とし込まれていく、というわけです。

「すでにある世界」を知りなさい、と既存の教育は命じてきたようなところがあります。でも、実際はそんなものは存在しません。世界は常に変わっているわけですから。子どもはこの変化し続ける世界に出会い、私たちが知らない新しい意味を与えることができる可能性を持っている。そう信じられているわけです。

実社会ではたしかに、無限に解釈可能な事象を小さなモジュールに切り分けることで、誰もが共有可能な知識となる場面が多く、100を100のままにするケースのほうが稀です。しかしそのプロセスに慣れすぎると、便宜的に99を削ぎ落としたことが忘れられ、現実が初めから1であったように見えてしまうことがあります。しかも、急変化の時代においては、その1が今の最適解であったとしても、ほどなくして、別の1に可能性を見出すべき事態も起こってきます。

仮に最後に1にしなければならないとしても、自分の頭と手で99を削ぎ落としていく作業を経なければ、それは真に血の通った知識とはいえない。創造性は、結果の1と同時に、選ばなかった99との向き合いがものをいう。まさに、100は常に「ここにある」のです。それがレッジョ・アプローチの考え方とも解釈できるでしょう。

そして、この100は、子ども一人ひとりが持つ個性や可能性のことでもあり、子どもが100人いれば、100人のそれがあります。子どもたちの「違い」にこそ価値が置かれているのです。

レッジョ・アプローチでは、世界や自分が持つ100の可能性に向き合うためには、他の人の感じ方、考え方、価値観、アイデア等と自分のそれを交えていくことが大事だとされていて、「100の言葉」で聴き、語り合うことが重視されているのです。学校や地域の文化として、違い＝多様性を重要な価値と置いていることも、この詩は発信しているといえるでしょう。

学びは対話から創造される

レッジョ・アプローチは「社会構成主義」の教育における実践であるともいわれます。

社会構成主義とは「社会で起こるさまざまな事象は人々の認知により作り上げられたもの」とする考え方です。人間やモノだけでは社会は成り立たず、それぞれの人の感覚や、現実を理解するコンテクストの作用を受けており、対話やコミュニケーションによって社会はたえず変わるものととらえられます。心理学者のケネス・J・ガーゲンはこの考え方を「Words create world.（言葉が世界を創る）」と表現しました。マラグッツィの「百の言葉」と、たしかに通底する思考に思えます。

対話を軸としたレッジョ・アプローチにとって、不可欠な要素が8つあります。

①子どもから始まる

すべては子どもの興味、関心、夢中になっていることからスタートします。これまでの学校教育では、子どもが持っている知識のコンテクストと無関係にカリキュラムが組まれ、知識の構築を図ってきました。それが必要な場面もありますが、レッジョ・アプローチにおいては子どもが持っているコンテクストから興味、関心に沿って学びを構築します。

また、未知の知識は、既知の知識同士が個人のコンテクストの上で結びついて発生し、その人のものとなります。大人になればなるほど、現実の事象と既存の知識が一対一で結びついてしまいがちです。結論や答えを早く欲しいと思うのは、現実と一対一で対応する答えがあると考えているからですが、実際には現実の事象と結びつくべき答えは無数にあり、結びつける道筋もまた無数にあるはずです。単一の答えを早く探すことは、レッジョ・アプローチの目指している知の探究とは大きく異なります。

②教師や保育士は学びのパートナーである

レッジョ・アプローチにおいて、知識は与えられるものではなく創造されるものであり、教師や保育士はそのパートナーとなることが求められます。教えるプロであるよりも、一緒に学ぶことへのプロフェッショナルとなるべきで、子どもとパートナーが共に発見をし、コラボレーションが生まれることを最大の成果とします。

そのために必要なのが傾聴です。レッジョ・アプローチでは「ペダゴジー・オブ・リスニング（傾聴の教育）」という言葉があるくらい、子どもの声に耳を傾けることが重要視されます。教師はいきなり正解を教えるのではなく、子どもがまず何を思い、どのようなアイデアを持っているのか、コミュニケーションします。子どもたちのアイデアを尊重しているというメッセージが、日頃から言葉や態度でたえず発せられていれば、子どもたちは物怖じしないで考えを表現し、それがこれまでの経験や自分なりの論理と結びついて知識として構築されていきます。このプロセスに伴走することがパートナーの役割なのです。

③小さなグループで活動する

学びの相互作用は教師と子どもだけではなく、子ども同士でも起こります。大人数だとゆったりと互いの考えを聴き合う機会が持ちにくいため、発見について語り合うなど協働的に学びを進めやすい少人数のグループでの活動が基本となります。

同じ事象を見ても、人それぞれに見え方は異なります。多様な視点に触れて共有することで、自己の内側にも多様性（イントラパーソナルダイバーシティ）が形成され、感じ方や考える道筋も多様になりますし、自分自身の考え方を客観的に見直す機会も得られます。

正解が一つしかない問いを解くことよりも、子どもたち自身が関心を持ったテーマを深めていく遊びや学びの時間が多いので、協働的な作業が進めやすいグループサイズはいつも意識されています。まさに世界や自分の100の可能性に対して、子どもたちの100(それぞれの〝違う〟可能性)で向き合うためです。

④百の言葉を使う

マラグッツィの詩にあった「百の言葉を/百の手を/百の思いを/百の考え方を/百の遊び方や話し方を持っている」は単なる詩的なイメージではありません。文章、学術研究、詩、絵画、ダンス、工作、写真、CG、AI、メタバース……私たちはすでに世界と対話する無数の「言葉」を持っていて、言葉と言葉(表現など詩的な言語も含めて)をかけ合わせる新しい言葉を作る可能性も無限にあります。

たとえば「自転車に乗っている人」を理解しようとして、絵を描くのと粘土で造形するのでは、理解できるものが異なります。粘土で造形したあとに絵を描くことで、目には見えない骨格や重心が絵で表現されるようになることがあります。同じ絵画表現であっても、鉛筆、色鉛筆、水彩絵の具、切り絵といった具合に素材を変えることで、より理解が深まることもあります。

言葉で表現するにしても、複数の言語を介したほうがより深く理解できる子がいたりと、「100の言葉」は単なる表現技法を超えて、理解することの多様性を示しています。「100の言葉」は世界を察知するアンテナの表面積を広げ、世界に対する理解の解像度を高めていきます。

「100の言葉」は技法や素材だけの話ではありません。まちの保育園・こども園でもこんなことがありました。宇宙を好きな子が、「1年は丸いんだからカレンダーも丸くあるべきだ」という意味のことを言い始めたのです。たしかに1年とは地球の公転周期であり、1年かけて地球は元の場所に戻ってきます。だから平面上に、1ヶ月ごとに数字が並んでいるのはおかしいと、ダンボールを使って「丸いカレンダー」を作り始めたのです。「カレンダーとはこういうものだ」という固定観念があれば出てこない発想ですが、そういう発見が突然起こるのが、レッジョ・アプローチによる学びの特徴といえます。

⑤アトリエで学ぶ

知識は与えられるものではなく、創造されるものだという考え方を象徴するように、学校は「教室」ではなく「アトリエ」で構成されています。また、知識を得るプロセスに「美」は内包されているというグレゴリー・ベイトソンの考えがよく参照されるなど、人の認識において、「美」が強く意識されています。画材・素材がたくさんあったり、ダンスや音に親しめる環境、光や影、デジタルランドスケープなど、各園で子どもたちの活動に応じて創意工夫をしており、「環境は第三の教師」という言葉もあるほど重要視されています。思わず、触ってみたい、使ってみたいと子どもたちが思うような環境づくりから、すでに学びは始まるのです。

⑥子どもの時間を保証する

子どもたちがやりたいと思うことを、思う存分できるように、時間割のようなものを極力設定しません。また異なる活動への途中参加も自由です。

学校は「教室」ではなく「アトリエ」

カフェとの関わりを通じて「まち」とつながる

⑦プロセスを評価する
活動を成果だけで評価することはありません。やってみたいと思い、なんとか成し遂げたいと試行錯誤するプロセスそのものが重要な学びと考えられているので、興味を持つことや夢中になることが称揚される雰囲気が、アトリエには常に満ちています。そもそも〝失敗〟は最大の学びでもありますから、子どもたちの思考や表現の思考プロセスが丁寧に理解されていきます。そして一人の子どもの中で学びの芽がどのような方向に伸びているかを、複数の保育者やコミュニティで観察し、話し合うことで、一人ひとりの子どもへの理解を深めます。より深い学びや、安心できる環境づくりがこうして進められます。

⑧コミュニティに参加する
子どもだけではなく、保護者も、それぞれの考えやペースが大切にされながら、「親」という役割を超えて、「ひとりの人間」としていることが尊重されます。子どもたちに「世の中は素敵なところだ」と感じてもらえるように、子どもも大人も日々を楽しんでいられるような、そんな場を、出会った人々と作り続けていけたらと思います。

これら8つのエッセンスは、レッジョ・アプローチが明確に掲げているものではありません。私たちがまちの保育園・こども園を運営していく中で、再確認された重要なエッセンスです。

レッジョ・アプローチを導入した地域や文化、社会によってこれらのエッセンスは変わるでしょうし、私たちも数年後には5つに精選しているかもしれません。あるいは15になっているかもしれませんし、別のエッセンスと入れ替わっているかもしれません。むしろ、時代背景や、関わる人によって常に更新されていくべき指針だと考えています。固定化された方法を無思考に踏襲していくのではなく、目の前の子ども、家族、地域、社会、あらゆる領域の専門家、職員や関係者との熟議から常に見直しが図られる。そうして、子どもとコミュニティ、社会のつながりが、オープンソースに更新され続ける。それがレッジョ・アプローチの重要なエッセンスといえます。

第2章

ダイバーシティはなぜ必要なのか

伊藤穰一

WHY IS DIVERSITY NECESSARY?

序章ではニューロティピカルとニューロダイバージェントの間には質的な差異はなく、ティピカルと見なされる人々の中にも小さくない困難があることや、社会全体へのニューロダイバーシティの普及がティピカルにとっても恩恵があることを説明しました。また第1章では松本が、「ニューロダイバーシティの学校」の先駆モデルである「まちの保育園・こども園」での実践と理論を紹介し、そのベースとなっている「レッジョ・エミリア・アプローチ」について説明しました。

この章ではさらに一段階、話を進めていきます。具体的には、ティピカルとダイバージェントを「分けずに混ぜる」ことの積極的な意味を示すことがここでの目標となります。

その前に、「ニューロダイバーシティの学校」のもう一つの理論的なベースとなる「DIR/Floortime®」がどのような療育方法であるかをご紹介します。

子どもの目線で子どもと関わる

DIRとは「Developmental, Individual-differences, and Relationship-based model」の略で、DIRの主要な著書を翻訳されている広瀬宏之氏（横須賀市療育相談センター所長）は「発達段階と個人差を考慮に入れた相互関係に基づくアプローチ」と訳しています。

アメリカ精神医学会が作成し、精神医学の主要な診断基準として用いられるDS

M（Diagnostic and Statistical Manual of Mental Disorders）の、２０１３年に発表された第5版（ＤＳＭ－５、22年には改訂版に当たるＤＳＭ－５－ＴＲが発表）では、自閉スペクトラム症（ＡＳＤ）の７つの療法のうち「発達論的療育」に当たるものとして、ＲＤＩ（対人関係発達指導法）と共にＤＩＲが挙げられています。

ＤＩＲはジョージ・ワシントン大学の児童精神科医、スタンレイ・グリーンスパン教授およびセレーナ・ウィーダー博士によって考案されました。「発達段階と個人差を考慮に入れた相互関係に基づくアプローチ」という訳語が示す通り、ＤＩＲは「発達段階」の違いと「個人差」を重視し、医療や教育の専門家と保護者とが包括的な評価を行い、一人ひとりの子どもが持つ長所や苦手な領域、課題に合ったプログラムを実施します。画一的なアプローチを行わない点は、レッジョ・アプローチと共通しています。

さらに「相互関係に基づくアプローチ」が示すように、あくまでも療育者と子どもの相互関係のもとにプログラムが組まれ、子どもの特性から乖離したアプローチはありません。これもまたレッジョ・アプローチと同じ志向といえます。

ＤＩＲのコアとなる技法がFloortime（フロアタイム）です。これは保護者や医師が床（floor）にかがんで、子どもと同じ目線で一緒に遊びます。アクティビティを療育者が設定するのではなく、あくまでも子ども自身がやりたいことを始めるのを待ち、大人はそれに参加する、それだけです。この療育は自閉症のみならず、ＡＤＨＤやＬＤ（学習障害）にも応用されていますが、それに限定されず、あらゆる子どもに応用することができます。

子どもたちの顔と同じ高さまでかがみ、目線を合わせることで強制ではないコミュニケーションが生まれやすくなりますが、自閉症の子どもの多くは人と目を合わせることが苦手で、大きな苦痛を伴う傾向があります。そのため無理に目線を合わせるように強いることはなく、大人は子どもの目線や表情にそれとなく気を配ります。その中で目が合う瞬間があれば、そこから子どもが何を求めているのかを読み解いていきます。こうして時間をかけてコミュニケーションの質量が向上していくことで、子どもが自発的に行うアクティビティも少しずつ複雑に、難易度の高いものになっていきます。

この療育方法は、自閉症やADHDの子どもたちに見られる「問題行動」と呼ばれる行為や、特性がもたらす逸脱的な行動を抑えることを目指していません。むしろ、生まれ持った資質が最大限に発揮されるようにサポートするのが、大人たちの役割です。外側からモチベーションを導入するのではなく、「内発的動機」が生まれ、育ち、表現されるのを待つというスタンスは、やはりレッジョ・アプローチと大いに重なり合うものです。

「動機」はどこからやってくるのか

私自身は、娘の療育を通じてDIRと出会いました。当時はアメリカ・マサチューセッツ州ケンブリッジに住んでいて、娘には言語の発達の遅れがあり、医療機関から自閉症と診断されました。私自身もADHDや自閉症の人に見られる特性を自覚しており、また、そのような特性のある、非常に優れた人たちを多く知っていたこともあり、娘が自閉症と診断されたことに強いショックはありませんでした。

ケンブリッジには自閉症を専門とする医師も多く、質の高い医療的サポートを受けることができました。学校の適切な対応もあり、普通に暮らす限りは不自由を感じることはなかったものの、日本でこのようなサポートを受けることは難しいだろうとも考えていました。そこで日本でも行われている、ある著名な行動療法を受けることにしました。

結論からいえば、この行動療法は私たちにはフィットしませんでした。根底にある考え方も、私のそれとは異なるものだと感じました。

この療法では、モチベーションは療育者が設定します。たとえば療育者がおもちゃを片付けようとして、子どもに「ちょっと手伝って」と頼みます。子どもが願い通りに手伝ってくれると、療育者はそれを褒めて、場合によってはご褒美を与えます。

療育者が子どもに何かを伝える時は、まず「私の目を見て」と言います。言われた通りに相手の目を見ると、「よくできたね」と褒めて、場合によってはこれだけでご褒美が与えられます。

「褒められると嬉しい」というのは、人間のみならず哺乳類、あるいは爬虫類の脳にも組み込まれた情動だといわれます。「褒める／褒められる」ことがコミュニケーションや人間の成長にとって重要なのはいうまでもありませんし、レッジョ・アプローチであれＤＩＲであれ、褒めること抜きに子どもとの信頼関係は築けません。ご褒美も時と場合により、学習や仕事の遂行に大きな効果をもたらすことが知られています。

ただ、私は外からもたらされるモチベーションを、称賛と報酬により自分自身のモチベーション、つまりは内在的動機にすり替えるプロセスに、どうしても違和感が拭えませんでした。水族館や動物園のショーで、動物たちが演技の合間や演技中に飼育員からご褒美をもらっている姿と、どうしても重なってしまいました。

もちろん演技をする動物と飼育員との間には、報酬だけではない信頼と関係性が構築されているはずですし、動物たちにある種の幸福感や達成感はあるのでしょう。

しかし、踊ったり綱渡りをしたり、輪っかをくぐったりすることは、動物たちが本来持っていた欲求による行動ではありません。長い時間をかけたトレーニングの末に、人間という「外」から与えられたモチベーションを、あたかも自分自身の動機であるかのように振る舞うことに長けてしまっただけなのです。そのメソッドを療育に適応することが、正しいこととは思えませんでした。また、かつてこの療法を受けた人たちが大人になって、「あれは嫌だった」と振り返る姿を目にし、別のアプローチを探すべきだという思いは強くなりました。

こういった手法の療法はいくつか存在し、合う人たちにとっては、ティピカルの人たちと同じように振る舞うためのステップとして、大いに助けになっていることは触れておかなければなりません。ただ、多かれ少なかれ「普通に見えること」が重視され、子ども本人の内側にある幸福は二の次になっている傾向を感じます。

ＤＩＲにもレッジョ・アプローチにも、「普通に見えること」を目指す志向は皆無です。誰にでもほかの人とコミュニケーションをしたいという根源的な欲求があることを信じつつ、しかしコミュニケーションを強要することはなく、内在的動機が育ち発現されることを周囲の大人やコミュニティがじっと待つ、その一点で両者はほぼ同じものだといえます。

待つためには安心感を与える必要がある、と考えているところも、両者に共通しています。レッジョ・アプローチの場合、施設デザインや知育玩具の素材まで、子どもが安心できるための配慮が細かく規定されています。ＤＩＲの場合はデザインや素材への規定はありませんが、かがんで目線を同じレベルにすることがまず安心の前提条件となっており、その他のコミュニケーションにもさまざまなルールがあります。「ニューロダイバーシティの学校」では両者の手法をミックスすることの相乗効果に期待しつつ、さらにティピカルとされる子どもとダイバージェントとされる子どもを分けず、配慮しながら積極的に「混ぜる」ことの教育効果を子どもたち、保護者、地域に還元することを目指しています。

分離を再生産する教育からの脱却

ティピカルとダイバージェント――何度もいうようにこれは本質的な区別ではありませんが――を「混ぜる」ことの意味と意義について、日本の現状を踏まえつつ考えてみます。

2022年、国連の障害者権利委員会は、日本に「障害児を永続的に分離した特別教育の中止」を勧告しています。06年に国連で採択された「障害者権利条約」に、日本は07年に署名、14年に正式に批准しています。批准から8年の勧告書では、他国への勧告がおおむね10ページ前後のところ、日本には実に18ページもの分量が割かれていました。日本において障害などの困難のある子どもに対する「分離教育」が続いてしまっている状況を、国際社会は重くとらえています。

分離教育とは、すなわち「特別支援教育」、権利条約に署名する以前の呼称は特殊教育でした。障害のある児童の状況に応じて、通常学級ではなく特別支援学級や特別支援学校で、適切な支援・指導を行えるようにする施策が特別支援教育です。特別支援の有無を判断するのは地域の教育委員会で、当事者の希望が十分にかなう制度となっていないことが問題視されています。

さかのぼれば、日本で養護学校が義務化されたのは1979年と歴史は浅く、それまでは障害のある子どもは「就学猶予もしくは就学免除」の対象とされることも少なくありませんでした。時系列でいえばまず教育機会が保証され、その後にきめ細やかなケアがされるようになったという順序なので、進歩しているということもできます。では「分離」の何が問題なのでしょうか。

まず障害のある子どもや、ほかの人と同じように振る舞えない困難を抱えている子どもにとっては、分離教育は通常学級であれば築けたはずの人間関係や、さまざまな経験・体験の機会を奪うことになります。特別支援教育を受けても人間関係や経験は得られないわけではありませんが、出会う人々の幅や、経験の多様さが大きく異なることは、想像できると思います。

障害や困難がない子どもたちは、分離教育のもとでは、困難のある人々の存在や特徴を知らないまま、社会に出ていくことになります。ダイバーシティを知らないで育った人々が、実社会でビジネスやスポーツ、医療、教育などに従事する時に、ダイバーシティが存在することを活動や制度の前提に置くことは容易ではありません。

つまり、分離教育で育った子どもは、大人になって意識しないままさらに分離を広げる可能性があるのです。分離教育は社会的なインクルージョン（包摂）をもたらす可能性よりも、むしろ分離を拡大再生産する傾向があることが指摘されています。

バリアフリー、ケア、インクルーシブ教育……障害者や社会的マイノリティの人々が社会で出会うさまざまな困難を取り除くことに関わる用語は、おそらくは障害者権利条約への署名・批准も一つの契機となり、急速に日本社会に普及しました。

日本人の障害観は、「障害」は個々人の身体にあるとする「医学モデル」から、物理的、社会的、精神的に存在するさまざまな障壁のほうにこそ「障害」があるとする「社会モデル」へと、少しずつ変容しつつあります。「社会モデル」という言葉を知っている人はそれほど多くないかもしれませんが、社会モデル的な思考は間違いなく標準化しつつあると思います。

しかし同時に、これは日本に限ったことではありませんが、平等な権利を持っていなかった人々の権利が回復していく過程において、自分たちの権利が奪われていくかのような感情に襲われ、困難の当事者や支援者、その人たちを支援する制度改正を攻撃する人たちも増えています。緩やかな寛容が広がっていく中で、小さくとも強烈な不寛容がバックラッシュ（反動）に打って出る、このような状況は日本に限らず起こっています。

日本でもさまざまなバックラッシュが起こっています。終末期医療の切り捨てや、障害者にかける福祉予算の削減を主張する声は、国会や地方議会からも聞こえてきています。貧困女性の救済活動をしていたＮＰＯ団体に対して、団体とは利害関係のないゲーム開発者の男性が、団体の会計報告の不備などを理由に東京都に情報開示請求を行った際には、その男性に賛同する男性たちがＮＰＯの活動を物理的に妨害するといった動きまでありました。

日本において弱者や、不当に権利を与えられなかった人たちが、その権利を回復しようと歩き始めた道に立ちはだかるのは、どういうわけか運動当事者とは利害関係にない人たちであることが大半です。

問題は、バックラッシュに打って出る人たちの多くが、ポリティカル・コレクトネスに代表される社会モデル的な思考の拡大により、自分たちが持っていた権利を奪い取られ、不公正を被っていると考えていることです。これについては、人々のフェアネス（公正さ）の変化をたどってみる必要がありそうです。

自力で生きる社会は公正なのか

社会的なフェアネスについて考える時に、参考になるのは「保険」です。少し遠回しな議論に感じられるかもしれませんが、公正さがどのように希求されてきて、現在どのような危機に直面しているかを、感じ取っていただけるのではないかと思います。

現代の生命保険は満期による払い戻しや入院一時金など、さまざまな返戻制度が付与されていますが、保険の基本原理はあくまでも「掛け捨て」です。大半の人が保険金を得られない代わりに、一部の人が事故や病気、あるいは死亡により、当人もしくはその家族が困難を被った際の、救済が可能になります。一時金や満期などで返戻金がある保険商品は、掛け捨てと比べると保険金そのものは低く抑えられることになるので、基本原理は同じものといえます。

保険の加入者が少ないと、たとえば流行病や災害などで、加入者の多くが一斉に死亡し、プールされていた保険金でまかないきれなくなるということがありえます。しかし保険の加入者が増え、さまざまな環境・階層から掛け金が得られる状況に、つまり保険加入者の母集団が一定の大きさを超えると、母集団内の死亡率は社会全体の死亡率と同水準に収束していきます。これを「大数の法則」といい、これにより「一部の不幸を大集団で支える」という仕組みが可能になります。多くの人は不幸に見舞われないものの、不幸が降りかかる確率はすべての人にほぼ等しく、不幸の大きさは一人ではとても背負い切れるものではない。だから、皆が少額の掛け金を払い続けることで万が一の不幸を最小化しよう、それが保険のメカニズムであり、加入者同士の暗黙裡のコンセンサスなのです。

保険の起源は紀元前までさかのぼるといわれていますし、同業者たちによるギルド（組合）も、組合員の不幸を互いに最小化し合う仕組みであり、保険の一種と見なすことができます。

しかし、私たちが今日よく知っている生命保険の仕組みは、17世紀イギリスの宗教社会に始源があるといわれています。教会の牧師たちが、自分に万が一のことがあった場合に妻子を助け合うために、掛け金を出し合い立ち上げたマーサーズ・カンパニーを、世界で初めての近代的生命保険企業とする見方が一般的です。マーサーズ・カンパニーでは全員が同額の保険料を支払っていましたが、人の死亡率は当然ながら年齢とともに上昇していきます。そのため高齢者がお金をもらいやすい仕組みに不満の声が上がり、組合は短期間で解散されています。

18世紀なかばにロンドンで設立されたエクイタブル・ソサエティは、数学者ジェームス・ドドソンに計算を依頼しました。ドドソンは年齢別の保険金の計算基礎や、掛け金の年齢水準を算出し、公平性の高い終身保険を開発しました。ドドソンによる数学的根拠が、現代の生命保険の基礎を成していますが、マーサーズ・カンパニーによる一律の掛け金は「神を信じる万民のフェアネス」を数学的に実現したものともいえます。神を信じる限り、どのような地域に住んでどのような仕事に就いているかといった条件の差異は、ないものと考えられていました。

社会から神の存在感が小さくなるにつれ、フェアネスも揺らぎ始めます。自分よりもリスクの高い環境に置かれている人が、自分と同じ保険に同じ掛け金で加入するのは不公平だ、と感じる人が増え出したのです。

その風潮を後押ししたのが、ほかならぬ保険会社でした。1968年は世界的に大規模な反戦運動や政治運動が起こった年ですが、アメリカではベトナム反戦運動と、キング牧師暗殺により公民権運動が拡大し、その前後にデトロイトやワシントンなど各地で暴動が起こりました。都市部では住宅などに大きな損害が出たために、保険会社の支払金は増大します。これ以降、アメリカの保険会社は治安の良くない地域住民への保険加入に大きな制限をかけるようになったため、ダウンタウンを中心に保険に加入できず、補修や改築のためのローンを組めない住民が多数発生します。荒廃が放置されることで治安はますます悪くなり、治安が悪いためにローンをますます組めなくなるという悪循環は、のちにサブプライムローンといった無責任な金融商品が跋扈《ばっこ》する要因ともなりました。

神の前のフェアネスを、数理的に解明し不公平を軽減したことは、ドドソンの偉大な発明でした。しかし「個々のリスクは曖昧にせず数値化しなければフェアではない」という思考は、裏返せば「リスクの高い者は、たとえそのリスクが自らの意志や努力で克服できないものであっても、その報いを受けるべきだ」という考え方でもあります。

この「リスク」には、障害や病気、不慮の事故だけでなく、人種や性別、社会階層なども含まれます。リスクや困難をすべて当事者の責任と見なし救済すべきではないというフェアネスのあり方は、すでに私たちが克服してきたはずの「差別」にほかなりません。経済的な合理性だけによる平等の追求は、その内側で差別を再生産しやすいのだともいえそうです。

文部科学省の統計では、通常の学級に在籍する小中学生の8・8%に発達障害があるとされています。その子どもたちが直面する困難は、目に見えるものから見えないものまで膨大に存在します。しかし、ティピカルのコミュニティに属しダイバージェントとの交流を外見的には持たずに育ってきた人には、「同じクラスに2～3人は困難を抱えていた」という現実は、にわかに信じられないことなのかもしれません。

「才能」に寄せられる期待と、その危うさ

ここまでは、主にティピカルとダイバージェントが隔てられていることの問題点を考えてきました。すべての人をダイバージェントととらえ、分離を廃し、個性が積極的に「混ざる」ことで、小さなハレーションはいくつも起きるかもしれませんが、それは過渡期の社会が甘受すべき経験なのだと、基本的には考えています。

ただ、「混ざる」ことへの過剰な期待には、少し注意が必要です。ニューロダイバージェントの中にはさまざまなジャンルで際立った能力を発揮する人たちが存在し、社会にも少しずつ周知されつつありますが、ダイバージェントが「必ず」特殊な能力を有しているわけではありません。ティピカルよりも、特定ジャンルで高い能力を示す確率が高いかどうかも、現時点ではわかっていません。

「サヴァン症候群」という言葉を聞いたことがあるでしょうか？　知的障害や自閉症などの発達障害がある人の中で、高度な計算や複雑な記憶、絵画や彫刻などでの細密な描写力など、際立った能力を示す人たちを指す言葉です。

サヴァン症候群は、かつてはフランス語で「idiot savant」（イディオ・サヴァン：賢い白痴）と呼ばれましたが、「idiot（白痴）」が差別的表現とされ、現在の呼称となりました。19世紀イギリスの医師、ジョン・ラングドン・ダウンはある男性が、長大な書籍の内容を一度読んだだけで完全に記憶する能力を持つことに驚愕しました。その男性は記憶以外の学習能力はいたって平均的でしたが、記憶した本を一切見ることなく、巻末から逆さにすべてを読み上げるという離れ業までやってのけたそうです。ただ、彼に自閉症などの特性があったかどうかは、記録に残っていません。

サヴァン症候群の驚異をまず世に広く知らしめたのは、やはりイギリスの神経学者であるオリヴァー・サックスによる数々の著作です。序章で紹介したテンプル・グランディンを紹介した『火星の人類学者』は全米でベストセラーになり、トゥレット障害や自閉症、アルツハイマーについて書かれた『妻を帽子とまちがえた男』は、作曲家のマイケル・ナイマンによってオペラにもなりました。

『妻を帽子とまちがえた男』の中でも際立ってサヴァン症候群の特徴を示しているのが、ある双子の兄弟の挿話です。知能指数が60しかない彼らは簡単な足し算すらできないにもかかわらず、何万年前、あるいは何万年後の日付でも瞬時に曜日を当てることができます。自分たちが4歳になってからの日付については、その日の天気と出来事を正確かつ詳細に語ってみせるのだそうです。

彼らの前で医師がマッチ箱を落とした際には、揃って瞬時にマッチ棒の数を「111」と言い当て、さらに「37、37、37」と呟いたとサックスは伝えています。医師は落としたマッチ棒を数え上げ驚き、「37」についてはしばらく考えあぐねたのですが、彼らは「37＋37＋37」が111であることを説明してみせたそうです。彼ら二人だけの遊びは、お互いに6桁の数字を言っては笑い合うというものですが、その数字を調べてみると、すべて素数であることがわかりました。

サヴァンの世界を一気に周知させたのは、1988年の映画『レインマン』で、ダスティン・ホフマンが演じた自閉症者・レイモンドでしょう。やはり飛び抜けた記憶力と計算力を持つレイモンドが、トム・クルーズ演じる弟にそそのかされカジノで大勝ちするシーンをご記憶の方も多いのではないでしょうか。

その後も知的障害や自閉症のある人物が、芸術や学術研究、あるいは警察の捜査で際立った能力を発揮するといったフィクションはいくつもあります。そうした作品がダイバージェントの持つ複雑な内面世界を伝え、「障害者=劣った者」という固定観念を崩した意義は、限りなく大きいといえます。

障害の有無にかかわらず、高い能力を示す人たちには「ギフテッド（gifted）」という呼称もあります。欧米の公教育では飛び級進学など、ギフテッドの優遇や配慮がすでに行われてきましたが、日本でも文部科学省がギフテッド教育の制度化を図りつつあります。こうした風潮から、自閉症者や発達障害者にも、まだ発揮されていない能力が眠っているのではないかという期待が寄せられており、「ギフテッド」と「サヴァン」を混同した用法もしばしば見受けられます。

こうした風潮については、功罪を冷静に整理して考える必要があります。まず私たちには、障害者を標準的な教育やビジネスから疎外してきた長い歴史があります。際立った能力を持つ障害者が資本主義社会から「有用」と見なされる状況は、過去よりも「少しはマシ」ではありますし、市場からの経済的評価は障害者を励まし、あるいは内在的動機になりうるでしょう。高度な能力が評価される経路は、それなりの存在意義を有しています。

ただし、社会や経済の「役に立つ」者を評価することは、容易に「役に立たない」者の切り捨てに転化する可能性をはらみます。「役に立つ」という評価を得た人でも、ダイバージェントの特性による振る舞いが「奇矯」「逸脱」「迷惑」と判断され、それらのデメリットが「役に立つ」メリットを上回ると評価されれば、すぐに「役に立たない」人へと転落するかもしれません。

「役に立つ／役に立たない」の二分法は、障害当事者や家族に強いプレッシャーを与えます。ダイバージェントが十分に個性を発揮するためには、何よりもまず心から安心できる環境が必要ですが、二分法のプレッシャーはこの環境に優勝劣敗の競争をもたらします。運良く競争に勝った人はともかく、大半のダイバージェントは負けの側に置かれ、深く傷つくことになるでしょう。社会には競争の導入が適している領域とそうではない領域があり、療育と呼ばれる領域に競争はそぐわないのではないでしょうか。

ダイバージェントにとって、つまりすべての人間にとって、最も重要なことは周囲の人から愛され、承認され、その人自身が幸福であることのはずです。愛と承認によって緩やかに形成されるコミュニティは、能力の有無や程度でメンバーシップを与えられる集団ではありません。

さらにいえばここでいう「能力」は、あくまでも現在の市場経済で「役に立つ」と評価される個性に過ぎません。美醜の基準が時代と共に変わるように、「役に立つ」の基準も大きく変わります。蒸気機関の発明は、馬車を上手に操る御者の市場的価値を下げたでしょうし、原油輸送網の発達は日本各地の炭鉱作業員に転職もしくは廃業を突きつけました。あとで触れますがＡＩやｗｅｂ３の急速な発達は、人間の能力評価を目まぐるしく変動させています。

また、すべての能力が数字で評価できる、つまり計量可能であるわけではありません。しかし市場経済においては、基本的には計量可能な価値にその対価が支払われます。ダイバージェントの個性や特性を、数字で評価することは私たちの目指す教育とは大きく異なります。

現時点でとくに能力を有していないように見える人が、時代が変われば飛び抜けた才能と評価されることがありえますし、その逆もまたありえます。能力の有無や優劣を軸にニューロダイバーシティを考えることには、見過ごすわけにはいかない危険性がありそうです。

「混ざる」がもたらす相互作用

人間の能力を計量可能なパーツ、もしくはモジュール（単位）と見なす思考の普及は、産業革命と切り離すことができません。

巨大な動力の発明は、生産や戦争をスケーラブル（拡張可能）にしました。飛び抜けた能力の個人を集めることよりも、皆と同じ工程を同じペースでこなせる遂行力を全員に身につけさせることが重要で、簡単に身につけられない高度技能はむしろ拡大の障壁となりました。

つまり標準化された人間こそが「役に立つ」とされたのが近代という時代で、私たちが学校教育で「気をつけ」「前へならえ」の号令で整然と動くことが求められたのは、近代的な生産と戦争に適した身体を身につけるカリキュラムの名残です。

分離教育にもまた、標準化できる人間と標準化できない人間を初めから分けてしまい、社会の主要なパートを標準化された人間でシェアし、その成果の「余剰」で標準化できない人間を養う、という発想が根底にはあったはずです。現在さまざまな領域で起こっているバックラッシュは、「余剰」がどんどん目減りしているように見える時代状況が背景にあるといえます。

さて、現在起こっているAIやweb3などのデジタル技術の急速な発展は、「第四次産業革命」とも呼ばれます。発明家で思想家のレイ・カーツワイルは、進歩した技術が人間の理解を超える「技術的特異点」（technological singularity：単に「シンギュラリティ」とも呼ばれる）が2045年に訪れると予想しています。さまざまな職種が機械とAIに取って代わられ、従事していた人間が「デジタル失業」するという予測も、一時期さかんにされていたことは、記憶に新しいと思います。現在はまだ人間が機械を「操作する側」にいるが、シンギュラリティ以降は大半の人間が「操作される側」になり、機械の指示のもと単純労働に従事するだろうという予想までありました。

私自身も、標準化された人間による活動のニーズは、容易に機械に置き換わっていくだろうと考えます。ただそれは、人間の活動の価値がなくなることを意味しません。同じ思考と行動を取ることが求められるのではなく、全く違った思考や発想、観点のニーズが高まると考えています。現在においても、ビッグデータやＡＩ、機械学習を大きく発展させているのは、均質性の高い情報ではなく、多様で容易に予想し難い情報です。

わかりやすくいえば、皆で同じ行動をするよりも、バラバラの行動を取ったほうが情報量ははるかに増大します。人力で情報処理していた時代は、収集できる情報量に限界があったために、「外れ値」のデータを有効に処理することができなかったものの、現在の技術はその限界をとっくに乗り越えてしまっています。知識や情報をすべて頭に入れておく必要はありませんし、強烈な個性と個性の調整は人間にとっては時にストレスフルですが、データの大きさと処理能力の向上でかなりの部分までＡＩに任せることができます。

「あなたと私は違う」という永遠不変の真理は、これまで人類にさまざまな災厄をもたらしてきましたが、ＡＩなどの技術はこの真理のネガティブな側面を最小化し、ポジティブな側面を減じることなく提供してくれる可能性があるのです。

現在の、そしてこれからの日本の強みはエンターテインメントやコンテンツであるといわれています。これらの産業が、均質性よりも個性を必要としていることは、いうまでもありません。ここで必要なのは、流行しているテイストを量産する能力ではなく、テイストを作り出すテイストメーカーの資質です。

千利休の高弟であった茶人、南坊宗啓《なんぼうそうけい》にまつわる挿話があります。ある人が宗啓に「千利休の茶碗は一部しか評価されなかったが、あなたの茶碗はすべて高い評価を得ている。だから利休よりあなたのほうが上だ」と言ったところ、宗啓は即座に否定し「利休は自分自身の流儀を持っていた。私は利休やその後続の茶人たちの流儀を理解しているだけで、自分の流儀を持っていない」と答えたそうです。テイストの良き理解者であっても、テイストメーカーになれるわけではない、と宗啓は言っているわけです。

その原因には諸説ありますが、自身の最大の理解者にしてパトロンであった豊臣秀吉の逆鱗に触れ、利休が切腹を命じられたように、テイストメーカーはしばしば他者と同調せず自分の思うように振る舞う傾向があるため、礼儀と同調が求められる日本社会では疎まれやすい存在でもあります。また、新奇なテイストはそれを理解し、広範にディストリビュートできる理解者なくして、人口に膾炙《かいしゃ》することはありません。

ニューロダイバーシティは社会に、テイストを作るレッスンと、テイストメーカーを理解するレッスンの両方をもたらしうる思考のあり方です。分離から混淆へ、人々はもっと積極的に混ざり合ったほうがいい、というのがこの本の最大のメッセージといえるのかもしれません。

第3章

「孤育て」から「共育て」へ

松本理寿輝

SHIFT TO PUBLIC CHILDCARE

「ニューロダイバーシティの学校」では、まちの保育園・こども園と同様に、教育の中心要素の一つに「コミュニティとの関わり」が置かれることになります。

これまでの育児・教育は、家庭と幼稚園・保育園、進学後は家庭と学校の二者関係の中で行われることが大半でした。しかも「家庭」といっても、最近は男性の育児参加も社会的に進められているものの、現状はほとんど母親一人が育児・家事に追われています。出産から1年前後は赤ちゃんと母親の二人だけで社会から隔絶されている状況も少なくないとされています。

実は私がまちの保育園を開園するに当たって、子どもの環境と同時に変えたかったのはこの「孤育て」が当たり前になっている状況でした。

第1章で述べたように、私はイタリアのレッジョ・エミリア市で行われてきたコミュニティによる子育てのあり方に強く影響されてまちの保育園を作りました。さらに伊藤を通じてDIRの世界に触れたことで、開かれたコミュニティこそがニューロダイバーシティを実現するキーであると確信するに至りました。これから新しくできる学校も、保護者・家族と「一緒に作る学校」を目指しつつ、自分たちが学校づくりを通して得た経験を、子ども子育ての環境や、ニューロダイバーシティ社会の変革に還元できればと考えています。

この章では子どものため、そして親自身のためにも、それぞれが自分のペースと距離感で、つながり合うことが何をもたらすのかを考えていきたいと思います。

「コミュニティ」というと、ちょっと重たく感じてしまう人もいるかもしれませんが、「孤育て」から離れ、自分を楽にする自然なつながりとしての、「結果としてのコミュニティ」について考えてみたいと思います。

また章の後半では、重度の自閉症と診断されながら、独特な色彩感覚を持ったアーティストとして才能を開花させたfuco:（フーコ）さんのお母さんである瀬戸口庸子《やすこ》さんへのインタビューを掲載します。瀬戸口さん親子もまた、コミュニティの中で可能性を開花させた人々であることがおわかりいただけると思います。

日本の子育て家庭が直面している「あるある」

子育ては24時間、365日休みがないという保護者の方の声をよく聞きます。また、子どもとの時間は尊いものだと思いつつも、それよりも「自分の時間」を求めていることに気がつくという保護者の声もたくさん聞きます。私も一児の父親として、仕事をしながら、妻と育児を行っている身です。私のように子育てや教育の専門領域の仕事に携わっていても、育児と仕事、子どもや家族のこと、何に優先を置くべきか悩むこともしばしばです。

子育ての悩みはパーセンテージで表せるものではなく、一つの家庭に固有の問題が起こる「1分の1」のイシューです。子育ては、アイデンティティ、考え方、願望、人間関係などさまざまな要素が複合されるものです。ネット記事や育児書は、子どもに対してどのように振る舞うべきかのモデルを提示しますが、ほとんどの場合、そのままではうまく機能しません。

さらに、子育てを深刻化させるのは「社会の目」であったりもします。親と子どもの関係が良好であっても、ある場面での子どもの振る舞いについて、周囲の視線が気になるのです。さまざまな育ちの過程の中で親自身は理解をし、受け入れていることであっても、周りに迷惑をかけてしまうのではないかと心配が出てきて、その行為を抑えようとしてしまう。抑圧された子どもの行動はさらに激しくなり、場の収拾がつかなくなる。周囲からしつけ不足を責められている気になり、ますます社会の視線に苦しさを感じてしまう。挙げればきりがないほど、子育て中の親の「あるある」は語られます。

「まちが子どもを忘れてはならない」

そんな多様な子どもへの理解と、ケアが充実する社会を、子育てしている人たちにも優しい社会を、なんとかつくりだすことが、私たちの大事な挑戦の一つです。そのために、まずは子育て中の当事者が集まり、無理のない自然な距離感で関わり、支え合うような場づくりや、関係づくりを、学校や園を起点に進めていければと考えています。

レッジョ・エミリア市では、「親には、過剰な干渉をすることなく、子育て家庭に無限に降り注ぐ責任を社会的に分かち合ってくれる『拡大家族』が必要だ」と説かれています。まち中が子どもを認識し、親に対して温かな支援が注がれているのです。日本でも「一人の子どもを育てるには、一つの村が必要だ」というアフリカの諺《ことわざ》は知られていますが、レッジョ・エミリア市でも「まちが子どもを忘れてはならない」と、同じようなメッセージが常に発信されていて、市民の意識と子育てに理解ある社会が形成されています。

第1章で、子どもの可能性や創造性が信じられている「子ども観」について触れましたが、レッジョ・エミリア市では、親に向けても「親は自らの経験、子どもとの絆、子どもに対する責任感に基づいて、自分らしい母親・父親になることができる」という信頼が向けられています。子どもが社会的に「気になる」行為をしている場面でも、親が非難されることはほとんどありません。「子育ては困難な仕事であり、家族は常に子どもの失敗や逸脱の責任を負わされてきた」という認識が共有されているため、まち全体が子どもの行為に過干渉することなく、一緒に考えてくれたり、温かく見守ってくれるわけです。そんな地域であることが素晴らしいなと思います。

私たちの地域から、まず変えていこう

今、日本でも、母親一人が育児に専念するべきではないという考え方が広まっています。父親はもちろん、親族、地域社会が一緒に子どもをサポートできる環境こ

そが、親自身のケアや子どもの健全な成長には必要であることが、社会通念として共有されつつあります。しかし現実は、まだ理想とはかなりかけ離れています。過渡期であるという感覚を持っている方が、私たちの周りでは多い状況です。

私たちは、まずは私たちの住む地域から変えていこうと試みています。「まちの保育園・こども園」を拠点に、園の保護者の方、出会った地域の方との協働に着手しています。

たとえば、私たちが初めて設立した「まちの保育園 小竹向原」のある東京都練馬区小竹町では、町内会の協力を得て子どもや子育て世代を応援・サポートすることを行っています。子どもが安心して遊べ、球技などもできる公園が整備されたり、子育て世代が自然な形で集まるまちのイベントやお祭り、広場が、自然発生的に起こっています。

それには、きっかけがありました。10年ほど前に、地域の子育て世代が集まり、このまちを子どものため、そして子育てのためにもっとよくできないかと話を重ねていました。その動きが町会に届き、もともと子どもや子育て世代を応援したいという思いを持っていた町会長が、町内オフィシャルの取り組みとしていろいろと進めたいと言ってくださったのです。まちの保育園のコミュニティコーディネーターが、その動きを進める役割を担いました。

そこから、小竹町界隈の子ども歓迎の店や、親がサポートを受けられる場所、子どもの遊び場などを紹介する地図付きのパンフレットが、町会オフィシャルのものとして作られました。イベントも増えました。子どもと子育て世代が自分たちのニーズを持ち寄り、遊びながら学ぶ集まりが町会館で開催されたり、町内の車道を一部封鎖して子どもの遊び場とする地域のお祭りが開催されたりと、さまざまなことが起こってきました。町会館には子どもが出入りするようになり、「おむつ交換台」まで設置されました。

こうしたまちの変化の中で嬉しいのは、高齢者世代が、お祭りで豚汁を作ってくださったり、「何かできることない?」といつも声かけてくださることです。顔の見える関係が増えれば、地域の居心地も良くなります。地域での関係ができることで、子育てや自分の話を聞いてくれる家庭同士のつながりができます。ちょっとの時間、地域で子どもを見てくれる人ができることで、親も自分の時間が持てるようになります。少しだけの関わりの積み重なりではありますが、そのおかげで「子育てが楽になることがあるのだな」という実感の声を聞くこととなりました。

地域の方が「地域コミュニティは、だんだんと参加者が固定されてしまって、入りにくいコミュニティになっていくことが多い。でも、保育園のコーディネーターが、常に今の子育て世代当事者を招き入れてくれるので、良い意味で流動性があり、新陳代謝のあるコミュニティができているように思う」と言ってくださったのは、強く印象に残っています。

このところ、ＤＡＯ（Decentralized Autonomous Organization：分散型自律組織）と呼ばれる組織のあり方が注目されています。ＤＡＯでは特定の管理者やリーダーがいなくても意思決定が行われ、プロジェクトがスムーズに進行するとされていますが、メンバーが流動的でも機能する小竹町のリレーションシップは、うまく機能しているＤＡＯそのものだと感じることがあります。また、認可保育所と町内会という、ガチガチの公共セクターではない「公」が関わることで、公助と共助の中間で協働が行われていることが、参加者を固定化しすぎない要因になっているのかもしれません。

保育園は公的な地域資源でもあります。だから園とコーディネーターは公共財的に機能することが求められ、それが、地域の子育て世代が、自分たちの環境を良くするために参加するＤＡＯの下支えとなります。

もちろん、まちには新たな流入者もいれば、流出していく人もいます。一度うまく作り上げた環境や文化を透明性を持って継続的に充実させていくには、課題に直面することもあるでしょう。それでも、当事者が動き、自分たちの目線で理想の状況や環境を作っていく。そんな手応えのある経験をさせていただいています。

子どもは環境で変わる

ここで、私がなぜ保育園やこども園の運営を仕事にしたのか、「共育て」社会を実現したいのか、その思いについて述べさせてください。というのは「まちが変われば子どもも親も変わる」という実感は、自らの体験にも根ざしたものであるからです。ここ40年くらいの間に保育や幼児教育のデザインがどう変わっていったのか、その時々の、個人的に出会った課題を振り返りながら語りたいと思います。

私は１９８０年に生まれ、東京の西部、多摩ニュータウンに育ちました。多摩ニュータウンは71年に開所し、数年の間に20～30代の子育て世帯が一気に入居したため、この世代が75歳を迎える２０２５年前後で急激に高齢化率が上昇することが予測されています。まさに、日本の少子高齢化を先取りしている地域です。

しかし私の幼少期は、まだ子どもたちがたくさん住んでいて、仕事に忙しい親たちからほとんど「放牧」されている場所でした。子どもたちの間には一種の自治が生まれ、それぞれの個性に合った生き方を相互に尊重するような雰囲気がありました。振り返ると、まちの保育園・こども園の原風景は、丘陵地の団地っ子たちが作り出した自由な「自治区」にあったような気がします。

年月が過ぎて大学生になった私は、インディペンデントの雑誌づくりに夢中になっていました。イデー創業者の黒崎輝男さんや音楽家の坂本龍一さんなど、さまざまな領域で活躍する方々にインタビューする機会に恵まれ、誰かの半生や想像力を追いかけることの面白さにのめり込んでいるうちに、卒業に必要な単位が足りないことに気づきました。必死で単位が取れそうな講義をさまざまに受けている中で、ボランティアを要件とする講義に出会い、私は児童養護施設でボランティアをすることにしました。

その施設に入居していたのは、親から養育放棄されたり、虐待を受けて保護されたりと、それぞれ辛い経験を抱えた子どもばかりでした。児童養護施設についてほとんど何も知らなかった私は、心に深い傷を負った子どもたちとどう接すればいいのか、大きな不安を抱えていました。しかし実際に会った子どもたちは皆いきいきとして、気恥ずかしい表現をすればとてもキラキラしていました。

今振り返っても、本当に素晴らしい施設だったと思います。ボランティアで訪れるたびに、子どもたちの発想の豊かさ、創造性や感受性に驚かされましたし、職員の方々が子どもたちのクリエイティビティに制約をかけず、むしろ自由に発揮できるようにサポートする姿にも感銘を受けました。この施設で私は、周囲の大人や環境が子どもに与える影響の大きさを強く実感するようになったのです。

さて、ボランティアの対価として得た単位で、どうやら大学は卒業できる算段は立ったものの、卒業して何をするのかは決まっていませんでした。今でもよくやることなのですが、私は10年前の自分と10年後の自分の姿を思い浮かべて、目の前の選択をする癖があります。

10年前の自分は、ニュータウンの子どもたち「自治区」で毎日が満ち足りていた。10年後の自分は、経済的な成功や社会的地位を得るよりも、少しでも社会を良くすることに貢献できる人間でいたい。

当時の学生の間では、「社会起業」や「ソーシャルデザイン」、「ソーシャルイノベーション」といった言葉が語られはじめていました。私もご多分に漏れずその空気に浸っていたわけですが、自分にとっての「ソーシャル」は子どもの育ちに関わるものにしたいと考えました。ただし、やるからには退路を断ってやりたい。中途半端にやって失敗して、ほかの仕事に就くのではなく、しっかりと創業して逃げ道を封じてやりたいと考えたのです。

しかし家庭の事情で、いきなりベンチャーを立ち上げるわけにもいかなくなり、就職活動の末に大手広告会社に就職しました。しかも将来は教育関連の仕事に就きたいという夢を汲んでくださってか、教育関連企業に携わる部署の配属となりました。広告会社での3年間の経験は、保育園やこども園を運営するための貴重な財産となっています。

人格形成は母親の役割？

子どもに関わる事業、と考えてはいたものの、乳幼児期から成人年齢まで、「子ども」にはさまざまなフェーズがあり、アプローチもがらっと変わります。私は「一人ひとりの才能や可能性がいかに社会の中で幸せに開花するか」に関心があったので、人生最初期の保育・幼児教育から挑戦してみたいと考えました。

とはいえ、その頃は保育・幼児教育の重要性がようやくクローズアップされ始めた時期で、教育は小学校就学年齢からスタートするという見方が一般的でしたし、私自身もそう認識していました。幼稚園や保育園への取材、大学の先輩のツテから厚生労働省や文部科学省の担当者への幼児教育についてのインタビューを重ねる中で、0歳から始まる学びの環境づくりが自分のテーマとして少しずつ膨らんでいたのだと思います。

当時、最も課題だと思えたのが、0〜6歳の教育が文科省管轄の幼稚園と、厚労省管轄の保育所というダブルスタンダードに置かれていた状況です。しかも2006年には内閣府管轄の認定こども園もスタートし、日本の幼児教育はトリプルスタンダードに置かれています（その後、子ども家庭庁ができて、また二つの管轄となりました）。おそらく多くの方は子どもを預かってくれる時間の違いから、「共働き世帯は保育時間の長い保育園に子どもを入れて、専業主婦・主夫家庭は時間の短い幼稚園に入れる」という選択を自明のものと受け止めていることと思いますが、実は幼児教育の管轄が複数存在しているのは、世界でもかなり珍しい状況です。

そんな状況で、幼児教育の重要性に光が当たり始めていたのは、私にとっては幸運でした。たとえば当時、海外ではエデュケーション（教育）とケア（養護）の機能を併せ持つ「エデュケア」が新しい幼児教育のあり方として注目され始めていました。私が子どもの環境を調べていた二十数年前の日本では、幼稚園は教育を行い、保育園は養護を行うという世の中の印象があり、まさに所管官庁と対応した二者択一が厳然とありました。「どちらか」ではなく「どちらも」行う可能性があることに、強く勇気づけられる思いがしたものです。

その頃、たしかな根拠のないまま、広く信じられていた幼児教育観に、「三歳児神話」というものがあります。三歳児神話には二つの意味があり、一つは「3歳頃までの脳の成長は重要だ」とする考え方です。これについては大脳生理学の見地からも、幼児期は、脳の基盤を形成する重要な時期であることはほぼすべての研究者が賛同していました。

もう一つの意味は、「子どもが3歳になるまでは母親の影響が非常に大きく、母親が育児に専念しないと子どもの健全な成長が妨げられる」という考え方です。情緒の発達には「母性」が大きく影響するため、子どもが3歳になるまでは母親は就労や職場復帰をせず、ずっと子どものそばにいるべきだという風潮はまだまだ根強く、待機児童が溢れる中で保育所探しに奔走する母親たちに冷たい視線が注がれることもありました。

後者の三歳児神話については、国内外の母子への大規模かつ長期の追跡調査により、母親の社会復帰が子どもの成長を阻害するという仮説にエビデンスがないことが結論付けられています。たとえばフランスでは育児休業を取得せず、産後2ヶ月程度から子どもを保育所に預けて就労する母親が大半ですが、フランスの青少年に非行や異常行動が他国よりも多く見られるという報告はありません。

むしろ3歳までの期間に、子どもがどれだけ「社会」と接することができるかが、成長に大きく寄与することもわかってきました。大人の適切な見守りのもと、保育所や児童館だけではないさまざまな場所に出ていき、多様な子どもや大人と接することで、コミュニケーション能力だけではなく思考力や多様な視点を身につけられるというエビデンスが、徐々に蓄積されてきています。今では母親一人が育児に専念するのではなく、父親や親族、地域社会が一緒に子どもをサポートできる環境こそが、健全な成長には必要だということが、だいぶ社会通念として広がってきましたが、ほんの十数年前まではかなり違う風潮だったのです。

保育・幼児教育にグランドデザインを

私は幼稚園か保育園の開業を志して、リサーチを重ねていました。子どもの生育環境を取材し分析すると、子どもの生活が自宅と幼稚園・保育園との往復のみに占められてしまっていることが見えてきました。幼稚園や保育園の多くは安全のために門が閉められ、地域の人が自由に出入りすることはできません。

また、当時のデータでは、幼稚園・保育園で働く方の約95％は女性で、平均年齢は30代前半でした。父親が育児参加する平均時間は日に15分程度に留まっていましたので、人格形成期の幼児たちは母親も含めて、ほぼ同じ年齢階層の女性と幼少期の毎日を過ごしていることになります。育児を行う母親の社会的孤立を指す「孤育て」状況も、母子にとって健全とは思えませんでした。

まず、3歳までの「孤育て」を改善するために、作るべきは0歳児から入園できる保育園と目標を定めました。その上で、ただの保育施設ではなく、育児と地域コミュニティを連携させる支援センターのような役割も果たしたいと考えました。独居老人や孤独死の問題も浮上し、公共セクターによるケアだけではなく地域の人々が協力し合う関係、つまり公助だけではなく共助の関係の再構築が必要なのは明白です。

しかし高齢世代は自治会や町内会などでつながる仕組みがあっても、現役世代にそういった仕組みはほぼありません。多世代の交流のハブとなる保育施設として、まちの保育園は構想されていきました。そんな時に、2001年、渋谷区にあるワタリウム美術館の展示で出会ったレッジョ・エミリア市の、まちぐるみのクリエイティブ・ラーニングのあり方にすっかり圧倒され、こういうことを日本でしたいと強く思ったのも大きかったと思います。

共助を重視するのは、経済の低迷や少子高齢化で公共セクターの機能縮小が進んでいることもありますが、共助だからできることもあると考えているからです。たとえば特定の場面や状況で話すことができなくなる「場面緘黙《かんもく》（選択性緘黙）」は、不安症の一つとされています。専門家の指導のもと、話すことの心理的障壁を取り除く公的なサービスが存在し、このような公助がとても重要な役割を担っていることは間違いありません。しかし、たとえば仲の良い友達と1対1で接していると自然に言葉が出て、そこから不安を感じる場面でも話せるようになるといったことも、非常に多くあります。コミュニティにいることで課題が小さくなり、いつの間にか克服されることもあるので、公助と共助は併存すべきなのですが、とくに都市部の地域社会では共助がどうしても縮小しやすく、限られた公助のリソースでは支援が行き届かなくなる可能性があるのです。

教育制度を変えたいのなら、政治の世界に飛び込んで法制度から変えればいいと考える方もいることと思います。もちろんそれは変革への正統的な道筋ではあるのですが、所轄官庁の異なる二つの行政が長く機能してきた現実に対して、グランドデザインのために制度的な一本化を叫んでもみても、突き崩さなければならない岩盤はいくつもあります。また、コミュニティによる共助を法制化することは、多くの方には公助の放棄と映ってしまうことでしょう。

私が選んだのは、新しいモデルを作ることによる変革でした。多様な個性、特性を持った子どもたちが、自分自身の動機に突き動かされてさまざまなことを発見し、創造性を高めることができる場を作ること。それらの活動に地域コミュニティの助けを借りるだけではなく、コミュニティにも有形無形の恩恵を返せる存在であること。コミュニティとの協働が、楽しさと幸福感に満ちていて、誰もが気軽に参加したいと思えるものであること。このような新しいモデルを作ることで、「孤育て」状況を招きやすい現在のダブルスタンダードと違う道を示せるはずだと考えました。

そうして今、まちの保育園・こども園で挑戦を重ねています。そして、各地にアライアンス園ができたり、協定している自治体ができてきていることを、とてもありがたいと思っています。

「ゆるい、つながり」から育む「共育て」

こうして私は「共育て」の環境づくりに関わっているのですが、現在ではまた別の視点からの取り組みをしています。東京都渋谷区で私たちが運営している子育て支援施設「ｃｏしぶや」の取り組みです。子育て支援施設とは、子育て家庭が子どもを遊ばせたり、交流したり、あるいは子育ての相談ができる場のことです。この「ｃｏしぶや」では、「ゆるい、つながり」をデザインしていきながら、社会で「共育て」を進めていくことを目指しています。

まず、そもそもが「消極的な理由」でも行ってみようかなと思える場づくりを心がけています。「消極的な理由」とは「どこも出かける場が思いつかないから、とりあえず、行ってみるか」くらいの感じです。子どもも遊べるし、カフェ・食堂もあるし、居心地が良くて、ゆったりできる場だから行ってみようと。もちろん、食にもこだわっていますし、レッジョ・アプローチからインスパイアされたアトリエも経験できるのですが、そこはあえて奥ゆかしく、あくまで「ゆるさ・居心地のよさ」を前面に打ち出そうとしています。

こうした場のデザインを通じて、ふらっと来てみたら自然と子育て関連情報を得たり、スタッフから専門的なサポートが受けられたり、地域でお友達ができたりするような雰囲気ができています。渋谷区の子育てネウボラ（妊娠期からの切れ目のない子育て支援を、ワンストップで受けられる複合施設）内にあることから、利用者のニーズ、状況を伺って、専門機関につなぐこともしています。

また、「ｃｏしぶや」では、あえて対象を狭く絞った集まりも企画しています。たとえば、「ふたごの会」とか「生後6ヶ月までの子どもがいる家庭の集まり」、または「パパに限定したひろば（遊び場）の開設」などです。利用者の声を聞いて、狭い対象に絞ったイベントを企画することで、同じような境遇や似たことに関心を持っている家庭がつながりやすくなる工夫をしています。こうして互いに役立つ情報の交換ができる場を作っていますが、嬉しいことに、利用者の方からは好評です。

共創のハブとなる「学校」を

以上のような、子育て家庭のための経験を「ニューロダイバーシティの学校」でも活かしていきたいと考えています。私たちは、いわゆる「発達支援施設」や「インクルーシブな学びの場」と重なる取り組みもありながら、でも、全く異なる文化とアプローチを持った、まだどこにもない「ニューロダイバーシティの学校」を作ることを目指しています。

レッジョ・アプローチは、一人ひとりの子どもが持つ、固有の可能性や創造性をもとにした環境を大切にしています。すべての子どもが良い教育を受ける権利を持っているからです。その中でも、特別なニーズを持つ子（レッジョでは「特別な権利」と言いますが）への配慮は当然ありますが、すべての子どもの可能性や創造性を見ることに例外はありません。

　また、ＤＩＲのアプローチも、ニューロマイノリティとマジョリティを分ける思考とは対極にあります。マイノリティへのサポートのみをするわけではなく、マジョリティにマイノリティを包摂させる考えとも少し違った、まさに「ダイバーシティ」の場が必要であることを、私たちは確信しています。このような視点に重きを置きながら、伊藤も私も、学校の準備に関わっている仲間たちも、学校づくりを進めています。

　そしてこの学校が、本当に意味や価値を発揮するのは、やはり、当事者の人たちと意見や想いを交換し合って、改善に向けて行動している時だと思っています。当事者というのは、すべての子どもであり、子育て家庭であり、その家庭や子どものためにある保育者、教師、セラピスト、メンターです。さらには、ニューロダイバーシティが社会を進めることに、価値を見出しているあらゆる人ともいえるでしょう。

　新しい挑戦、新しい学校づくりには、その意味でコミュニティが必要だと考えています。専門家のみで作るのではなく、子ども、家庭、社会が共に創り上げる「ニューロダイバーシティの学校」を目指していきたいのです。これから、一人ひとりとの出会いを大切にしながら、プロセスを一つひとつ進めていければと思っています。

障害とのつきあい方は一つじゃない

アーティストfuco:さんの母　瀬戸口庸子さんに聞く

佐賀市在住のfuco:（フーコ）さんは、4歳の時に自閉スペクトラム症（ASD）と診断されました。その後、高校で不登校になった時、ひょんなきっかけから大量の丸や三角を描き始め、その独特の筆づかいや色彩感覚は多くのファンを惹きつけるようになりました。

fuco:さんの妹さんと弟さんもお姉さんに負けず劣らずユニークですが、3人ともおおらかにそれぞれ個性を伸ばしています。お母さんの庸子さんは、子どもたちとどのように向き合ってきたのでしょうか。

「長屋的コミュニティ」が育ててくれた幼少期

fuco:が生後10ヶ月の時に、夫の転勤で北九州から宮崎に転居しました。同じアパートの隣に4歳と2歳の姉妹がいて、すぐに家族ぐるみで仲良くなります。ちょうど転居した頃に、上の女の子が自閉症と診断され、のちに下の子も診断されました。ご家族が葛藤しながら自閉症の診断を受け止める様子や、パニックを起こす子どもに苦労される姿を見ていました。そして、fuco:の成長と共に、その子たちとfuco:は遊び方、コミュニケーションの取り方など似た点が多いということに気づき始めます。

fuco:が3歳半の時に次女が生まれました。まもなく受けた発達検査でfuco:が自閉症（ASD）と診断され、その後、知的障害も伴うこともわかりました。それでも、夫婦ともに全く悲しくはなかったです。隣の姉妹をそばで見てきて、大変だけれど、二人は家族に愛されていて、羨ましいくらい幸せだとわかっていましたので。「自閉症だから不幸」ではないし、自閉症という枠の中で自分たちも幸せな子を育てようと思ったんですね。

どうしたらいいかわからないというのが一番辛いと思うのですが、診断が出たことで、どういう制度や療育があるかも明確になりました。

fuco:にとって、妹が生まれた3歳という年齢は、早期自閉症の特性がピークを迎える時期なんですね。一人っ子であれば、ある程度はその子に合わせて生活できますが、妹が生まれるといつものパターンで暮らせない。それが本人からするととても辛い。

たとえば聴覚過敏があるのに赤ちゃんは急に大声で泣く。それでfuco:のパニックが始まるんです。もともと睡眠障害があるので夜もあまり寝ないし、咀嚼が苦手で一食に毎回2時間ずつかかるし、夫は仕事で遅くまで帰ってこないし……。家族が増えた喜びをはるかに上回る、想像を絶する大変さでした。

でもfuco:があまりに激しく泣いていると、それを壁越しに聞いた同じアパートの人たちが食事を中断して、次女の子守りを引き受けにきてくれるんです。児童館に行くと、職員さんが次女をおんぶして仕事してくださいました。いつも誰かの家に集まってご飯を食べたし、公園に行ったし、旅行に行ったりもしました。いつも一緒にいるので、友達たちは自閉症の特性にも慣れっこです。おかげで私たちは引きこもりにも孤独にもならずにすみ、本当にラッキーでした。なんだか長屋みたいな雰囲気の地域で、当時の友達や職員さんとは今でも家族ぐるみで仲良くしています。

最初の転機

幼稚園は近所の幼稚園に二つ通いましたが、どちらも「お友達が嫌だ」と泣き、通えなくなりました。最後は障害児施設の通園部に1年半通っています。就学時、小児科の先生との面談では、支援学校か普通学校の支援級か微妙なレベルでした。ところがfuco:は同じアパートのよく遊んでいた女の子たちと、同じ学校に行く気満々です。不安もありましたが、地元の小学校に入学することにしました。

実際に小学校に入学すると、心配に反して落ち着き始めました。それまで通っていた障害児施設は、肢体障害の子も知的障害の子もいて、車椅子の子もいれば走り回る多動の子もいて、さまざまな障害のある子どもたちがいました。それぞれの特性に合わせた療育をする場だったので、彼女は誰を真似たらいいか、何をどうすればいいか困っていたのだと思います。通園バスが迎えに来ると、よく激しく泣いていましたから。

ところが、小学校ではチャイムがあって、時間になったら一斉に移動したり、勉強を始めたり、給食の準備をする。ラジオ体操一つとっても、大体みんなが同じ動き。それは彼女にとって、とても明確でわかりやすく、安心できたみたいです。

そんな学校に慣れ始めた1年生の秋、私は長男を出産します。ところが、彼には先天的に心臓に穴があって、泌尿器にも異常がありました。要経過観察となりましたが、生後2ヶ月で高熱を出し、搬送された大学病院で入院中、たまたま川崎病が見つかります。すでに心臓の冠動脈にコブができていて、破裂したら死に至る状態で、「今週がヤマですから、両親どちらかが24時間必ず院内にいてください」と告げられます。この時に家族の注視すべき対象は障害児fuco:でなく、生死がかかった息子になりました。

それまで、fuco:がパニックを起こさないようにと暮らしていた私たちにとって、問答無用の大きな転機となりました。息子は1ヶ月以上入院し、命はとりとめましたが、その後、十数回入院を繰り返し、何度か手術も経験します。病院は片道20分以上の距離で、毎日義母と付きそいを交代しながら、3〜4回往復しつつ、家事もすべてこなしていました。当時3歳の次女は「ママがいい」と泣きますし、fuco:も食べ物が変わったことがストレスになって調子を崩します。

子どもたちの帰宅前に家に戻り、掃除洗濯食事、夜も一緒にお風呂に入って、翌日の幼稚園のお弁当のおかずまで作ってからまた病院へ向かう日々。長男の症状が落ち着いている時は、授業参観も友達同士の遊びも、姉妹が楽しみにしていることはできる限りいつも通りを心がける。こういった生活は、息子が小学校低学年になるまで続きました。

一方でfuco:も小学校に入って落ち着いたとはいえ、それはあくまでも以前と比べてであって、さまざまなトラブルが起きます。たとえば川に入りたいがために、近所の子どもを試しに浅い一級河川に突き落とすとか。この頃は音楽療法、作業療法、言語療法、感覚統合、TEACCH（自閉症療育プログラム）などさまざまな訓練を受けましたが、順番待ちが必要な場合でも、優先的に訓練を受けられるほど頻繁にトラブルはありました。

「視覚化」で暮らしやすくなる

fuco:が小3の夏休みの時に、また夫の転勤が決まり、夫の実家がある宮崎市から佐賀県唐津市に転居しました。息子の入院できる病院の近くに住むことが最優先だったので、夫の会社は市外で遠いし、私の実家は広島ですから、お互いの実家も遠くなりました。それはそれは、心細かったです。

ただ、運良く自閉症の専門療育機関に通うことができて、そこで本格的にASDのトレーニングで行われるスケジュール（予定や目標を文字やイラスト、写真などを使い可視化し、行動の見通しを立てやすくすること）、構造化（部屋やスペースごとに何を行う場所であるかを決めて、迷わず行動できるようにすること）を学びました。

トレーニングを通じ、大人が見守るだけではなく、本人が「自分がすること」を理解できるようになることが、彼女に安心感を与えることに気づきます。生活は劇的に変わりました。

そして、同時期に福祉サービスでヘルパーさんたちが来てくれるようになり、いろんな家事をfuco:が一人でできるように教えてくれました。まさにスケジュールや手順書を使って教えてくれたんです。そのおかげで、息子の急な入院でも、実家から助っ人が来るまで、fuco:は妹と家事分担をして過ごすことができたので、本当に助かりました。

ただ、fuco:は決まった行動だけをするので、事件はつきものです。たとえば、洗ってくれた弁当箱のすすぎが不十分で洗剤の匂いがするとか、浴槽をよく似た容器のカビ取り剤で洗ってしまって、その晩は入れないとか。でも、そんな時は洗剤を負荷の低いものに変えるとか、可能な限り環境やツールを変えればいいんです。

カレーを作ってもらう時は、私が玉ねぎをあらかじめしっかり炒めておいたのを準備して、シンプルな工程に分解した手順書を作り、fuco:が手順書通り作ることで、美味しいカレーができます。野菜を切る、肉を入れる、肉を5分炒める、野菜を入れる、水を1リットル入れるという具合です。時間もタイマーで決めておけば大丈夫です。ヘルパーさんと調理の日はゼリーなど簡単なデザートも作ってくれたので、妹や弟は「フーちゃんのご飯は美味しい」と、とても楽しみにしていたものです。「取説」を作る方は本当に大変でしたけどね（笑）。

嵐のような日々と「ルーティン」

中学校は特別支援学校へと決めていましたが、私たちは1年後に控えた長男の小学校入学に合わせて転居する予定でした。そのため、唐津の特別支援学校は1年限りという前提で入学しました。

この学校は、息子の通う幼稚園や病院とは逆方向だったので、彼女には自力で行ってもらうことになりました。家から30分歩いて駅に行き、2駅電車に乗って、また15分歩いて学校に行く。幸いにも通学路に歩道があり、fuco:は信号などのルールを守りたい人だったことが幸いでした。それでも事件はいろいろあり、転勤族が知らない土地で障害児や病弱児の3人の子を育てるのは、無理なことばかりです。

fuco:が中2になる頃に、佐賀市内に新居を建て、引っ越しの準備を進めていましたが、大事件が起きます。なんと引っ越し2日前に、息子が喘息を拗《こじ》らせて入院することになったのです。当時、長男の幼稚園の父母会会長もしていたので、園行事に加えて、入学転校手続き、荷造り、車で1時間かかる場所での注文住宅の準備。当日は次女がお別れ会疲れで体調を崩し、通院しました。結局息子は、1週間経っても好転せず、お医者さんに泣きついて、新居の近くの病院へ救急車で転院させてもらいました。もちろん彼は入学式にも出席できませんでした。

fuco:は佐賀市内の支援学校に通い始めていたのですが、転居してしばらく経った6月に先生から「刻み食を出してます」と言われました。前の学校からの申し送りで「急いで食べて喉に詰まらせることがある」と言われていたらしく、ずっと離乳食のような刻み食が出されていたようです。とにかくバタバタとした日々を過ごしていたため、fuco:の状況に心を配ることも全くできていませんでした。

しかし、この間に一番落ち着いて過ごしていたのは意外にもfuco:でした。時間になったら、洗濯物を取り込み畳む、お風呂を掃除してお湯をはる、余暇で刺し子をしたり、パズルをする。生活のルーティンを形づくるパーツがしっかりとあり、変化に動じなくなっていたんですね。これらの手順は場所さえ覚えれば、変わらないことですから。新しい学校に慣れ始めた秋、最初希望を出していた小規模支援学校に欠員ができ、想定外でしたが転校しました。結果的に3校通いましたが、先生方のサポートもあり、調子を崩さずに生活していました。

「まる、さんかく、しかく」との出逢い

fuco:は、唐津在住時の小6でピアノを始めました。自閉症は視覚情報の処理能力が高い特徴があるのですが、彼女もそうです。ドが赤、レが黄などと、楽譜の音符に色を塗っておくと一瞬で理解して即座に両手で弾き始めることができました。また、彼女は小さな頃から音への感覚がとても鋭く、エアコンの音のような細かな音も全部拾いますし、雑多な音が混ざりすぎるショッピングセンターなどは苦手です。絶対音感に近いものもあったし、オーケストラを聴きに行っ

て、打楽器が鳴ると椅子から飛び上がったりします。最初は私と連弾してましたが、私が間違えると音が濁るのですぐに気づかれました。ピアノを習い始めて11年以上になりますが、今でも毎朝練習を欠かさず、レッスンにも毎週通っています。音に過敏なところは、違いがよくわかるという強みでもあるのだと思います。

支援学校の高等部に進学し、数ヶ月間不登校になりました。先生方のご尽力にて数ヶ月で無事復帰しましたが、ものすごく困りましたよね、暇すぎて。彼女はルーティンに沿ったスケジュールをこなして安心していくタイプです。そのために、パズルや刺し子、家事、プールなど少しずつルーティンを増やしていったのですが、1日のスケジュールには全く足りないのです。

そこで私が「まる描いて」と紙とペンを渡したんです。全くの思いつきだったんですが、これが予想外なことに、fuco:にはハマったらしいのです。ペンを離さず夢中になって丸をいくつもいくつも描き始めました。今までは絵が苦手だと思っていたのですが、そうではなかった。顔とか動物とか、見る角度によって異なるものは、何をどう描いたらいいかわからなかっただけなんです。

「まる」と言われ、「よしきた!」とばかりに嬉々として描き始めたのです。さらには、百円ショップの模造紙などに丸を描いて、飽きたら丸を切ったり貼ったりしました。

丸を描き始めて3年くらい経った頃、彼女に今度は「さんかく描いて」って言ってみたんです。これも思いつき、唐突にです。すると面白かったですね、独特な描き方で、どんどん三角を描き始める。「しかく描いて」と言えば「はいはい、しかくね」といった具合。サイズや画材が変わるたびに、違った雰囲気のものがどんどんできていきました。私から見ると、モチーフは何でもいいように見えるし、色にこだわってないようにも見える。ただ、不思議なのは、ひたすら描く作業に没頭しているようで、全体の構成を考えているようにも見える。

結局彼女が何にこだわっているか、何を表現しようとしているのかは私にはよくわかりません。だからこそ、新しいテーマを提案して、彼女に見えているものは何かをうかがっているようなところはありますね。

そうしてある時、福祉事業所から作品展への参加を誘われます。私は「こんなのでいいのかな」と思いながらも参加し、デザイナーさんの協力のもと、グッズを制作販売する企画にも関わってみました。そこで初めて生まれたプロダクトがfuco:の絵が入ったマグカップです。

想定以上にマグカップは売れて、会期中に追加発注にまでなりました。この時の経験を、どう今後につなげていけばよいかわからなかったものの、1年経過し

作品制作に集中するfuco:さん

た頃に、やっと覚悟を決めました。「fuco: の作品グッズを知り合いに配る趣味の範囲内から広げよう。面識のない方々に「素敵ね」と手に取っていただくものになるように、やってみようと。

プロのブランディングディレクターさんの協力を得て、ブランディングメッセージを作成し、メッセージ入りの名刺も作成しました。活動名は「マルツナガル」。ブランディングメッセージは「胸の内から溢れひしめく／小さなマルで／世界とつながる／世界がつながる」。

思いがけず参加した作品展で生まれたプロダクトは、fuco: と世界のつながりを形にしてくれました。

アートを通じて広く社会と交わる

障害のある家族がいると「無理しなくていいよ」と言われることがあります。それは社会の優しさでもあると同時に、障害のある家族がいることは「大変で困っていて不幸」であると見られていることにほかなりません。fuco: の絵やプロダクトを福祉の世界以外の人たちに届ける時には、自己満足ではなく、相手に喜んでいただけるものを作ることで、社会に対し対等でいたいと思いました。

作品が使われた初めてのプロダクトのマグカップ

ただ、自閉症は彼女のオリジナリティの一つに変わりありませんし、「自閉症のfuco:」と名乗ることで、同じ境遇の方々を励ますことができるかもしれないという想いもあります。そして、私たちに起こることを発信し、共有することで、自分たちの身の回りのことに重ねていただけるのでは、とも思っています。

fuco:は重度障害児として、限られた福祉の世界で暮らしていましたが、アートを通じて外に出て、さまざまな方々と接していく中で、次々と可能性が開いていきました。ヘラルボニー（知的障害のある作家たちと契約し、アート作品などの展示やグッズ展開、プロデュースやマネジメントを行う福祉実験カンパニー）関連では、渋谷、盛岡、大阪に行ったり、SNSを通じて知り合った方に主催してもらった三重で個展、名古屋の医学学会での展示など、全国各地で新しい体験をしています。

活動を始める前は「〇〇という特性があるので、〇〇の配慮をお願いします」とお願いするばかりでしたが、今はほとんどありません。「好きだ」「会いたかった」と喜んでくれる方もたくさんいます。fuco:が自分の名刺を配る際は、どなたもまず彼女に話しかけてくださいます。地元デザイナーと靴下メーカーの協力を得て、彼女のアートをモチーフにしたオリジナル靴下が完成した時には、佐賀県知事へ表敬訪問に伺いました。応接室には知事や県庁職員の方々がいるだけでなく、マスコミ各社がカメラを向けていましたが、彼女はいつも通りのスピードでどんどん入って椅子にドスン。お話し中はじっと座り、写真撮影になるとスッと知事と腕を組みに行き、撮影後もそのまま離しません（笑）。呆気に取られるほど彼女はいつも通りで、堂々たるものでした。

２０２２年にヘラルボニーで製作していただいたアートドレスの販売会が渋谷で開催され、購入者特典でサイン会をさせていただきました。多くの人が行き交う場所で、見事に役割を果たし、本人も楽しんでいました。私の「できるかな？」は全くの杞憂《きゆう》でした。新しいことを体験するたびに、fuco: にはまだまだ限りない可能性があるんだなと、いつも感じます。

全国で作品が展示されている（上）
作品がアートドレスに（中）
サイン会に臨むfuco:さん（下）

もしも「fuco: の母」でなかったら

fuco: には3歳下の妹と、7歳下の弟がいますが、どちらも超ポジティブ思考で、すくすくと我が道を進みながら成長しています。次女は幼稚園の時から行き渋りはずっとありましたが、ついに高一でいくつかの授業の出席単位が足りず留年することになります。出たくない授業には出ないという荒業に出たようです。

学校から親子で呼び出された時、私も困ったなと思っていましたが、最終的に二人で「高校には何年間在籍できますか?」と質問していました。最長6年と言われたので、「それなら各年1回ずつ留年できるな」と思いましたね。本人は留年に対して全く引け目を感じていないので、2回目の1年生の初日も普通に登校し、年下の友達を作って帰ってきました。我が家で「鋼メンタル」と呼ばれている次女は、この春（2024年）在籍4年でめでたく卒業予定です。人生は長いので本人が気に病んでなかったら、全然オッケーですよね。

長男は、誕生時から入退院の繰り返しでしたが、命の危険がない時は、入院中も冗談ばかり言いながら、日常生活を送っていました。心臓や呼吸器疾患のレントゲン検査を受ける際には「かわいい顔して写ってね」と私が冗談で言うのを真に受けて、いつも酸素チューブつけながらニッコリ笑ってピースしていました。見かねた検査技師さんから「無理しなくていいからね」と言われてからは、長男は猜疑心《さいぎしん》を知り、しばらくの間は私の言うことに「どうせまたウソやろ」と言ってましたね。きつねうどんはキツネ肉入りだという私の冗談を信じてたりもしましたから。入院中でも、笑いやジョークは必要不可欠ですからね。それが良かったのかどうかはわかりませんが、今ではピンピン元気に過ごしています。

fuco:のような重度自閉症の子が家族にいたら、家族はその子を中心に生活するのが一般的だと思いますが、我が家は次から次へいつも誰かがやらかすので、そうはいきません。母も落ち込んでる余裕は全くなく、可能な限り自分のモチベーションを上げ、できることをただするだけです。障害がなかったらと考えるより、障害と共に生きることを迷わず選んだし、ピンチがきて一人だと無理だと思ったら、助けを求める。そして毎日ちょっと笑えることを見つけながらやっていく。それ以外に道はなかったと思います。

子どもたちは母のことを「ポジティブばか」と言いますが、ばかで本当に幸いでした。fuco:のことで妹も取材を受けることがありますが、「将来はフーちゃんにご馳走になりたい！」と本気で言っています。妹は小さな頃からfuco:の妹としてずっと一緒にいてかわいがられたし、すごいなと思う姉も見てきました。自分のことが大変な時は、姉が我慢してくれたことも知っている。障害があることは実は特別じゃないし、一緒に暮らせばお互いさまなんですよ。障害が重いからその子だけが大変でもないですしね。

結局は誰もが苦手や得意をそれぞれの形で持っているだけ。そこに名前がついて縛られすぎるのは不自然だなと思います。タラレバは普段考えませんが、もし私の最初の子どもがfuco:でなかったら、たぶん建前を大事にしたり教育ママになって、子どもに嫌われた母だったと思います。彼女の母だからこそ、私自身の人生も豊かになったのは間違いないです。

fuco: さんと庸子さん（右）

第4章

「ニューロダイバーシティの学校」を作る

松本理寿輝

NEURODIVERSITY SCHOOL PROJECT

2024年秋、私たちの考える「ニューロダイバーシティ」を具現化した学校「Neurodiversity School In Tokyo（NSIT）」が、東京・青山に開校します。この本の執筆時点ではまだまだ未確定の要素も多く、開校してからも試行錯誤の連続になるはずですし、むしろ試行錯誤しなくてはならないと考えていますが、この章では学校構想のアウトラインをご紹介します。

どんな学校なのか？

現時点での学校概要は、下記の通りです。

Neurodiversity School In Tokyo（NSIT）学校概要（予定）

形態　オルタナティブスクール（インクルーシブスクール・フリースクール的利用を含む）
設置者　NPO法人ニューロダイバーシティ
所在地　東京都港区南青山
開校日　2024年秋
学校定数　おおむねの定員15名程度（利用形態によって、登録人数は変動）

職員体制

・スクールディレクター
・教師、保育士、セラピスト
・アトリエリスタ
・ペダゴジカルパートナー
・その他発達支援専門スタッフ

入学対象（2024年）

・本校入学日時点で、満3歳から満9歳までの子ども（当初時。年齢は引き上げていく予定）
・ニューロダイバーシティから、ウェルビーイングと社会を進める新しい文化の創造を目指す本スクールの方針を十分に理解し、学校と一体となって子どもを育てようとするご家庭の子ども
・登園可能な地域に居住していること

◯Mission

私たちは、一人ひとりの子どもが持つ、素晴らしさ・価値・可能性を信じ、個々のニーズや特性を理解・尊重した上で、最先端の学校環境をよく研究し、一人ひとりが豊かに学び、育つ場を提供します。異なる背景や状況を持つ親の多様性を尊重

し、親自身もサポートするコミュニティを育みます。本校の実践が、学校や社会、文化の変革の触媒となること、そして、未来の子どもの環境の“New Standard”をつくること、そんな想いに、私たちの挑戦は根ざしています。

○Vision

ニューロダイバーシティの理解と受容を進め、違いが祝福されたうえで互いのウェルビーイングと社会の前進のために
それぞれが権利の主体として
それぞれの形で社会に参加し
それぞれの強みを活かし合い
それぞれの関わり方で社会をより良い方向に導いていける世界をつくります。

○Values

多様性の尊重と共同体
子ども、保護者、コミュニティ、スタッフも含め、関わるすべての人を尊重する
挑戦を楽しむ
誰もがつくり手であること（クリエイティビティの発揮）
美しさや居心地の良さを重んじる
遊びごころ

地域コミュニティとの連携、協働

これは、学校の準備のために参加してくださった人々（伊藤のＨＥＮＫＡＫＵコミュニティから派生したメンバーや、まちの保育園・こども園グループのメンバー、私たちが開催するイベント等で出会った方々）と紡ぎ出した、現状の方針です。

また、職員の行動指針についても、少しずつ話を進めています。愛とパッションを持ち、子どもたちと、関わるすべての大人と向き合うこと。子ども一人ひとりを尊重するとはどういうことなのか、対話を通して考えること。傾聴力を持ちながら、子どもとともに探究したり、子どもたち自身をよく理解するリサーチャーであることも大事でしょう。

学校の運営には保護者とのパートナーシップや地域との連携も欠かせません。そして、働くスタッフも、心地よく、自分らしくいられる場であることを大切にしたいと願っています。一人ひとりが心身ともに充実していることが、結果として、子どもたちにも還っていくと考えています。

ＮＳＩＴは小さなオルタナティブスクールとして、明治神宮外苑のいちょう並木からもほど近い場所に新築されるポーラ青山ビルディングに開校します。開校の約半年前には同じビルに「まちの保育園 南青山」が開園し、ＮＳＩＴと連携しながらニューロダイバーシティ教育をブラッシュアップしていくことを構想しています。

ポーラ青山ビルディングはアートあふれる素敵なコンセプトのビルです。美術館など文化を通じた地域貢献にも力を入れてきたポーラ・オルビスホールディングスさんとも連携し、コラボレーションを生み出していきたいと考えています。

また、この学校は企業だけではなく、自治体とも協働していければと考えています。ＮＳＩＴの構想を港区にお伝えしたのは２０２２年のことですが、「区としても、子どもたちを支える選択肢が増えることはいいことだと思う」と歓迎するお返事をいただきました。

第２章でも触れましたが、22年に文部科学省が行った「通常の学級に在籍する特別な教育的支援を必要とする児童生徒に関する調査」では、全国の公立小中学校の通常学級に通う生徒のうち、学習面または行動面で著しい困難を示す児童が８・８％いるとされています。港区に限らず全国的に、学校等における個別支援の促進や、発達支援施設や放課後等デイサービスのニーズは高まっているのですが、施設も、一定の水準をクリアできる事業者も、全く不足しているのが現状のようです。科学や医学に基づいた、先駆的なアプローチを行う事業者が港区に施設を作ることはとても望ましいし、情報交換を続けながら行政サービスの充実も図りたいとも言っていただきました。

Missionにも入れているように、私たちとしては、このスクールの実践や研究成果が、他のコミュニティ・教育施設の参考例となり、学校や社会、文化の変革の触媒となること、未来の子どもたちの学びの"New Standard"を作ることに想いを根ざしていたいと考えています。

そのため、自治体や公教育との連携も大切に考えていきたいのです。

バイリンガルの環境にする

NSITは学校教育法第1条に定められた学校ではなく、すべての子どもに開かれた新しい考え方のオルタナティブスクールになることを、学校準備チームは目指しています。一人ひとりの個性が学校のコミュニティから歓迎され、自らの興味に基づいて、社会や世界に出会う場。それぞれ独自の創造的な学びと、表現やアウトプットのアプローチを楽しく発展させていくことが応援される場としての「ニューロダイバーシティの学校」です。入学対象は満3歳から満9歳までとしていますが、子どもたちが育っていった先も保証できるように、少しずつ年齢幅も広げていきたいと考えています。

NSITはフルタイムの（プリ）スクールもしくは、小学校や幼稚園の後の時間を支えるアフタースクールとして通う場所になります。また、日本語と英語のバイリンガルで教育が行われることから、インターナショナルスクールのように通うことも可能です。

バイリンガルで教育を行う理由は、アメリカ暮らしの長い伊藤にとっては英語がほぼ第一言語になっていることや、青山という立地を考えれば外国籍の児童の入校が想定されること、またアメリカを中心に世界で注目されているフロアタイムを日本で受けられるスクールが現在国内にはなく、日本に住む外国人のご家庭からも期待が高いことなどが挙げられます。ダイバーシティを掲げる以上、異なる言語文化を背景にした多様性をどんどん持ち込みたいという考えは、伊藤と私に共通したものでした。

もちろん日本語で教育やケアを受けたい子どもも多いので、教師や保育士にはバイリンガルもいれば、日本語だけ、英語だけの人も混在することになります。

NSITでは二つの言語が常に混在し、子どもたちは自由に選択できます。バイリンガルである育ち・学びの環境が子どもにとってどのように価値があるのか（あるいは気をつけた方が良い点は何か）について、さまざまな研究調査があります。そういった研究も参考にしていますが、バイリンガルにする一番の理由は、学校を設立する私たちのチームがバイリンガルで、そうした環境が一番自然なものだったからです。

子どもを通わせたい学校

「ニューロダイバーシティの学校をつくる」という発想は、ある人の紹介で伊藤と知り合った私が、彼に開校準備中の「まちの保育園の学校版」への協力をもちかけたことから始まりました。その時に、伊藤から「ニューロダイバーシティの学校を作らない？」という話をもらったことが、私の心を動かしました。それは、まちの保育園・こども園での経験から感じていた、私たちのテーマと重なったからです。

私たちの園の学びのアプローチや文化では、自分を発揮して日々を楽しく過ごしていた子どもが発達障害の診断や、その傾向を指摘されることがありました。ある子は、たしかに特別に配慮をしている場面がある子どもでしたが、それは程度の差はあれ、すべての子どもに対してそうしていることです。グループの探究や遊びでも、その子の表現や、ユーモアに魅了されることがたくさんありました。その子は友達からも人気者でした。

その時に、「障害というのは、個人の特性からではなく、社会が決めるもの」なのかもしれないと実感したのです。

そもそも、子どもたちはみんな違い、みんな絶対に素敵なところがある。それなのに「発達支援」や「インクルーシブ教育」といったものさえも、やはり人の特性をどこかで線引きし、分けているのではないか。社会に適合するために「治す」のではなく、すべての子どもそれぞれの持っているものを「伸ばす」べきなのではないか。そう考えている時に「ニューロダイバーシティ」の概念に出会い、「これだ！」と思ったのです。

それは、もちろん、子ども本人とその家族の想いや声に耳を傾けていくことから進めていくことです。そして、それぞれの最善の利益を守るために、一人ひとりの特性への理解と配慮は、園や学校職員、家族、地域みんなで続けていく必要があります。さらに、それは経験知のみならず、科学的な理解を深めていく必要も感じています。「ニューロダイバーシティ」は科学として深い研究が進められていることも、私が興味を持った理由です。

そういった背景から、伊藤に「ニューロダイバーシティの学校」のアイデアを聞いた時にビジョンが重なり、使命感を強くしたことを覚えています。

伊藤と私の共通した思いの一つは、「自分の子どもを通わせたい学校を作る」というものです。私も伊藤も個性を持つ子どもを育てています。明確な障害や特性の有無にかかわらず、一人の人間としての個性に配慮し寄り添いつつ、ほかの個性と影響し合える教育環境を実現するには、すべての障害も個性もすべて多様性としてとらえるニューロダイバーシティは、まさに目指すべき理念そのものだったのです。

「社会のチャレンジ」としての教育事業

教師、保育士、セラピスト、アトリエリスタといった多様なスタッフが、10－15人の児童とともに過ごすことで、きめ細やかな子どもの環境を作っていくことを目指しています。一人ひとりに合った環境を整え、その子どもに合ったアプローチで接し、挑戦したいことに寄り添い、子どもの得意分野や内在的動機の発揮を主眼に置いた発達と学びを支えていきたいと考えています。

そのために必要なのは、子どもの良きパートナーたる学校のスタッフです。私たちは一人ひとりが、子どもたちから積極的に学び、子どもたちとコラボレーションができる人材であることを目指しています。私たちは学校法人ではなく、公的補助も出ませんので、初めの段階ではスタッフの人件費は学費に跳ね返ってくることになります。これではごく限られた層に向けたスクールになってしまうことは否めません。

このように「ニューロダイバーシティの学校」は理念を実現できるかもしれない夢である一方、現実的にはとてもチャレンジングなものです。そこで、いくつかのアイデアを考え、できる限り開かれた場であることを目指しています。

たとえば、私たちは返済不要の奨学金制度を構想しています。あくまでも将来的にこうなればいいな、という構想の段階ですが、奨学金のためのファンドを組み、国内外からのご協力を得て資金を作る。そうして、経済的に富裕な家庭の児童だけではなく、より多様な子どもが集まる場にできないかと考えています。

資材価格の高騰もあり、学校設立だけでもかなりの資金が必要なのは頭の痛いところですが、それについてもご協力者からの寄付を募ることで目処が立ちつつあります。実はＮＰＯ法人にしたのも、株式会社よりも寄付金を集めやすいという事情がありました。子どもたちの重要な時期に何年も関わる教育事業では、持続可能性が必須だと考えていますが、学費収入や補助金に依存するのではなく、欧米で広く見られる寄付やファンドによる持続可能な教育事業モデルを作ることも考えられるのではないでしょうか。

協力を社会から広く募ることには、資金以外の目的もあります。それはこの学校づくりを私たちだけのチャレンジにするのではなく、教育、地域、実業や政治も巻き込んだ「社会のチャレンジ」にしなくては、ニューロダイバーシティ教育そのものの持続可能性が生まれないと考えているからです。私たちはプライベートスクールという形でニューロダイバーシティ教育を行い、その成果や経験を蓄積して分析したいと話し合っていますが、ASDやADHDの当事者団体や支援組織にはすでに多くの蓄積やノウハウがありますので、できるだけ連携して互いの知見を共有したいと考えています。さらに成長した児童たちを受け入れてくれる産業界との連携と共有も必要ですし、こうしたネットワークを支える省庁や自治体など公共セクターとの連携も必須です。ほかにも多様な主体とつながっていくことが必要ですし、どの主体にもこれまでのダイバーシティ対応から一歩踏み込んだチャレンジが必要ではないかと考えています。

教育のオーダーメード化

ニューロティピカルとニューロダイバージェントを「混ぜる」教育にとっての最大のゴールは、ティピカルとダイバージェントを分ける必要のない社会の到来です。

その時、この本でも便宜的に使っている「ティピカル」という言葉は意味を失い、使われなくなっているはずです。

しかし、現時点で「混ぜる」教育がティピカルの子どもたちにデメリットをもたらすものであれば、「混ぜる」ことへの社会的なコンセンサスは得られないでしょうし、ティピカルとダイバージェントの間の線引きは残らざるを得ません。

ダイバージェントの子どもと一緒に学ぶことの教育効果については、エビデンスが揃いつつあります。このあたりはニューロダイバーシティ教育が早期エリート教育の一種であるかのような誤解を招きやすいので、あまり強調したくはないのですが、知能指数の向上、他者理解の促進、社会性の向上といった調査結果を示す研究がいくつも行われています。

これらは計量可能な成果の一部ですが、私にとってはもっと重要と思えるメリットがあります。それは、ダイバーシティを前提にした教育が内包する選択肢の多さです。

ニューロダイバーシティの学校では、子ども自身が周囲のアセスメントのもと、自分たちの力で学びを展開していくことを目指します。

たとえば、興味を持った宇宙のことを一人でとことん探究する子。茶道について研究するグループを作る子たち。地域のアーティストや音楽家と一緒に、彫刻やダンスを実践するプロジェクト。それぞれの子どもが、興味関心に基づいて、自ら活動を選び、考えて、行動する。先生やメンター、親たち、友達に、それぞれの発達と学びを応援されながら、それぞれのペースで楽しく育っていくことが尊重される。そんな環境を構築したいと考えています。

もちろん、基礎的な知識・技能を軽視するわけではありません。そのあたりは必要に応じてＩＣＴ（情報通信技術）を活用したり、個別支援をしながら一人ひとりの凸凹に合わせて進めていきたいと思います。

何より大事にしたいのは、子どもの力を信じることです。一人ひとりが、それぞれの「学ぶ力・育つ力」を持っていること。大人が用意した環境で「学ばせる・育てる」のではなく、子どもが「学ぶ・育つ」。そんな、子どもが主語になる学校のあり方をとことん追求したいと考えています。そして、同時に学校が大事にしたいのは、「世の中は素敵なところだ。何か多少の問題があっても、自分（たち）で、世界は変えていくことができる」、そんな希望を持てるような学校づくりではないかと思います。もちろん、簡単なことではありません。「子どもの声を聴き、一つずつ。そして大人も、楽しみながら」がポイントになりそうだとチームで話していきます。

今、各自治体の公立学校でも、国が方針として定めた「令和の日本型学校教育」に基づいて、「個別最適な学びと、協働的な学び」をキーワードとして、学校教育改革が進んでいます。各自治体で、さまざまな挑戦と成果が出始めていると思います。私も微力ながら、いくつかの自治体に関わらせていただいていますが、民間と行政が相互連携して、子どもの環境づくりを進めていけると素敵だなと思います。

民間には私たち以外にも、子どもの環境づくりの多様なアプローチがあります。公教育の役割も大きいです。ですから私たちも、さまざまなアプローチから学びながら改善を重ね、その実践を社会とシェアしていきたいと考えています。

「良い親シンドローム」をなくそう

第3章でも触れましたが、学校づくりを進める中で、子どもの環境を充実させていくのと同時に、保護者の参加が増え、保護者自身の環境が充実していくことも、大事な要素です。

私自身が一人の親として感じることでもあり、また、私たちの園で保護者の方とお話ししていて思うことがあります。それは、保護者自身も「ひとりの人間」として尊重されることで、どんなに助けられるか、ということです。現代社会において、子育て家庭に対する社会からのケアは必要度を増しています。しかし、その一方で「自分は親になることを選択したけれど、『あなたは大変だよね』と常にケアされることを選択したわけではない」というモヤモヤを抱える方も多いはずです。もちろん、たくさんのケアをいただいた時は本当にありがたいし、それがなければ日常がままならないので感謝しかない。しかし、それが続くと自分は本当にこれでいいのかと思うこともある。私は「ひとりの人間」なんだ、と。

「ひとりの人間」としていられる場や、気軽に語り合える仲間が欲しい。私たちの園では、「たくさんのママ・パパ友ができることよりも、『頑張ってるね』と言い合える仲間がいることで救われている」。そんな声をよく聞きます。

「ひとりの人間」として保護者が尊重される環境のために、まずＮＳＩＴでは「良い親」か「悪い親」かの判定を、保護者自身が決めつける必要はありませんし、学校もそのような見方をしません。「良い親」であろうとすることにとらわれすぎると、時に保護者と子ども双方にとって大きな不幸が生まれることもあるからです。

私たちは「良い親シンドローム（症候群）」と呼んでいるのですが、「良い親」であろうとすることにとらわれすぎて、親子ともどもストレスを感じ苦しくなってしまう場合があります。たとえば保護者なりに子どもの行動の理由はわかっている。だけれど、その場面だけ切り取ると社会的には「逸脱行為」と見なされることを子どもがした際に、「自分のしつけが行き届いていないからだ」と自分を必要以上に責めてしまい、子どもを過度に注意してしまう。そうすると、子どもがより乱れて事態がさらに悪化する。こうした悪循環は、珍しいことではありません。

ただ、そんな時は「良い親」であることを手放してみる。「周りがどのように、子どもと私（保護者）を見たって、子どもがそうした理由を私なりに理解しているのなら大丈夫」、「自分が嫌なことは、嫌と子どもにはっきり伝えたっていい」、「親だって、人間だから、感情的になってしまうことだってある」――。そうやって少し肩の力を抜くマインドを親同士が、お互いに持つ。気楽に構えていれば、自然と子どもとの関係も改善することも少なくありません。

「良い親」であり続けるなんてことは、至難の業です。良かれと思ってやったことでも、子どもは思わぬ反応をしてきます。「良い親」でいるよりも、「ひとりの人間」としていられる居場所に学校がなればいいと思っています。嬉しかったことも、うまくいかなったことも気軽に語り合える。子どもについても、自分のことについても、互いに聴き合える、そんな学校です。

そのためにも、保護者がそれぞれの名前で呼び合う場にすることも大切かもしれません。日本の園ではよく保護者は、「〇〇くんママ／パパ」という呼ばれ方をします。小さなことかもしれませんが、苗字でも名前でもいいので「〇〇さん」と呼び合うことで、保護者という役割モデルを超えた「ひとりの人間」としての尊重が生まれるはずです。

ＮＳＩＴは多国籍になることも想定しています。そのため、それぞれの価値観や文化への尊重も欠かせません。個の尊重とともに、価値観の尊重も自然と生まれる、そんな雰囲気を保護者の皆さんと共同で作り上げていきたいと思います。そうすることで子育て世代が直面する困難の解決方法や、子どもの個性を受け止め伸ばす知恵を一緒に考える場が生まれると思います。

ニューロダイバーシティの学校は、子どもの多様性だけでなく、保護者の多様性によっても日々更新されていく学び・育ちの場を目指していければと願っています。

第5章

web3はニューロダイバーシティに何をもたらすのか

伊藤穰一

WHAT WEB3 BRINGS TO NEURODIVERCITY

第2章でも少し触れましたが、この章ではテクノロジーの発達とニューロダイバーシティの関係を考えてみます。

NSITでも、積極的に新しいテクノロジーを教員現場に取り入れていく方針です。また、私が学長を務める千葉工業大学では、「脱専門性」を掲げ、既存の専門領域や学問分野の間にある空白へと踏み出す研究カリキュラムの拡大を図っていますが、その一環としてweb3人材を育成する教育プログラムも実施しています。

この章の後半で登場する心理発達相談員の大庭亜紀さんのご長男も、このプログラムをオンライン受講してweb3を学び、そこで得た知見を活かせる職業への転職活動をされているそうです。彼もまた発達障害やディスクレシアの特性のあるニューロダイバージェントですが、より特性を活かせる環境としてweb3に大きな可能性を感じてくれたのだとしたら、非常に嬉しく思います。なお、大庭さんはDIRを心理発達相談の現場で取り入れている実践者でもあり、彼女から見たDIRの特徴なども語っていただきました。

シンギュラリティは来るのか？

AIやweb3の発達については、カーツワイルの「テクノロジカル・シンギュラリティ」が、もっぱら悲観的な予想として世に広まってしまったように、人間が機械に従属するディストピア的未来像を惹起《じゃっき》しがちです。しかし、カーツワイルの予想そのもの――反論の余地は大いにありますが――は、技術による能力の拡張が生物としての限界を超えることを可能にし、人類は「運命を超えた力」を手にすることができるとする、神秘主義思想のような側面を持っていたことが、見落とされがちです。

私自身はおそらくシンギュラリティは訪れないし、訪れるとしてもその確率はかなり低いと考えています。ただし多くの仕事や作業が機械化されるなど、人間社会の物理的制約がどんどん小さくなっていくことは間違いありませんし、すでに状況は足元で大きく変わりつつあります。ニューロダイバーシティがもたらす視野や知見、新たな発見、そして想像力は、むしろ物理的制約の枷《かせ》が小さくなった「ポスト第四次産業革命社会」にこそ、重要になると思っています。

web3とニューロダイバーシティ

2020年に開催予定だった東京オリンピック・パラリンピックで、他国から多数の観客が押し寄せることが予想されていたことから、国は都心の大手企業にリモートワークの推進を呼びかけてきました。遅々として進まなかったリモート化が、新型コロナウイルス感染症の拡大を受けて一気に進んだことは皮肉ではありますが、知覚過敏により環境面でのハンディキャップを背負うことの多いニューロダイバージェントにとっては、非常に大きな社会変化でした。自分自身でスケジュールを組んで作業できるなど、フレキシビリティの向上に助けられたダイバージェントも多かったはずです。

公教育においても文部科学省が２０１９年にスタートさせたＧＩＧＡスクール構想（児童生徒一人ひとりの学習用ＰＣと、高速ネットワーク環境を整備する５年間の計画）が、コロナ禍により一気に実現しました。公立学校のＩＴ化には中高年の教員を中心に反対の声も多かったと伝えられていますし、運用面での課題は大いにありますが、これもダイバージェントの児童にとって大きな一歩だったことは間違いありません。

ただし、自分の特性をよく理解しているダイバージェントにとっては、リモート化は大きなメリットでしたが、まだ特性を把握しかねている段階の人にとっては、ソーシャルディスタンスがそのままケアやサポートの不足となってしまったことも考えられます。周囲のエンパワーメントが必要な人もいるので、全体の改善と個別のケアは分けて考える必要があります。

私は、オンライン授業やリモートワークなどの働き方や学び方は、非常にｗｅｂ３に近い方向性を持っていると考えています。ｗｅｂ３を一言で言えば「分散型インターネット」で、これまでのインターネットとの大きな違いは、ブロックチェーンなどの新しい技術により特定のプラットフォームを経由しなくても、誰もが情報発信やデータ管理をＷｅｂ上でできるようになった点にあります。

誰もが対等な自律分散型社会へ

初期のインターネットでやり取りされていたのは、ほとんどがテキストなどの情報量が小さなデータです。ユーザーからの発信は掲示板への書き込みといったごく限られたもので、ほとんどのユーザーは情報を受け取る側でしかありませんでした。

　やがてヤフーやグーグルといった巨大プラットフォームが登場し、プラットフォーマーのサーバーを介し莫大なデータのやり取りが可能になりました。ＳＮＳや動画配信サイトなど、私たちが現在親しんでいるインターネットはこのｗｅｂ２・０に当たります。ただしｗｅｂ２・０は巨大プラットフォームによる中央集権型の仕組みで、プラットフォーマーによる個人情報の収集や、彼らに不都合なユーザーの排除などが可能です。しかもサーバーにハッカーからの集団攻撃があれば、さまざまなサービスが停止するだけでなく、膨大な機密情報が漏洩・改ざんの危機に瀕する構造でした。

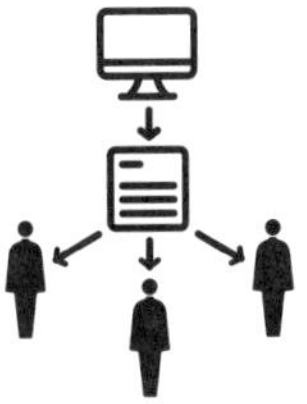

web1.0
ほとんどのユーザーは情報を受け取るだけ

web2.0
さまざまなデータのやり取りが可能な巨大プラットフォームによる中央集権型の仕組み

web3
プラットフォームを介さずに、ブロックチェーンなどを使ってデータ管理ができる「自律分散型」の仕組み

中央集権型のweb2・0に対して、web3は「自律分散型」といわれています。web3ではユーザー自らがデータを安全に管理できるため、プラットフォームを介さずに通信や取引が可能です。持っている機器の機能やセキュリティもまちまちな個人が大量のデータを管理できるのは、ブロックチェーンという解読不可能な暗号技術が開発されたためで、ビットコインなどの仮想通貨取引が中央銀行のようなプラットフォームを介さずに行われるのも、このテクノロジーの恩恵にほかなりません。web3はブロックチェーンやメタバース（仮想世界）、NFT（非代替性トークン：ブロックチェーンを基盤としたデジタルデータ）などさまざまなテクノロジーを含んだ概念ですが、ニューロダイバーシティとくに大きく関係しそうなのが「DAO（分散型自律組織）」です。

DAOもまたブロックチェーンで管理・運営される組織で、経営者や取締役会、首長などがトップに君臨する企業や自治体とは異なり、メンバー各自が自律的に行動を決定し、生産活動などを行います。DAOでは暗号通貨（ガバナンストークン）を購入し保有することで、組織全体の意思決定への発言権・投票権が得られる仕組みとなっています。

DAOのような組織での労働が、ニューロダイバージェントにきわめて適していることはすぐに理解できることと思います。web3以前でも、ネット上にはさまざまな専門家のコミュニティが存在し、国籍も年齢も関係なく対等な関係でのコラボレーションが行われてきました。私もまた、そのようなコミュニティで多くを学び、10代からエンジニアとして働いてもいました。web3ではメタバースのようなバーチャル空間で、現実のビジネスに携わることができるなど、私の青年期よりもさらに恵まれた環境となっていることはいうまでもありません。

第一次産業革命以降の社会は、私たちを中央集権的に管理することが最も生産性と効率を向上させる社会でした。個性よりも規格化された身体が、そして標準化された行動が要求されてきたことは、すでに述べました。ここでの模範的な人間の生存様態を、一言で言えば「普通」です。「普通」でない人間は、必死にその特性を隠し、あたかも「普通」であるかのごとく振る舞うために、膨大なエネルギーを浪費してきました。一部のサヴァン、あるいはギフテッドなどと称揚された人を除けば、ダイバージェントがなかなかその能力を発揮できなかったのは、何よりもまず「普通」を装うために、精神と身体をすり減らしてきたという事情があるのです。

「普通」であることが不要になる

ブロックチェーンとそこから派生した暗号通貨やNFTなどの技術により、インターネットは大量生産時代の宿命とも思えた「悪貨が良貨を駆逐する」状況からの出口が見え始めています。これまでもネット上の疑似通貨や地域通貨など、中央銀行による保証と管理を経ない実験的な通貨は存在しましたが、その障壁となるのは偽造の可能性でした。とくにネット上の通貨はその性質上、管理者よりもハッキングする個人や集団の技術が先行するため、コピーの濫造による価値の暴落や信認の崩壊を防ぐことが原理的に困難でした。

しかしブロックチェーンを用いた暗号通貨では論理上、コピーやハッキングができません。同じようにネット上のソフトウェアやプロダクト、アート作品もＮＦＴによりコピーができなくなり、開発者やクリエイターが正当な対価を得やすい環境が整いつつあります（このあたりの技術的な解説は本稿の趣旨から外れますので、関心のある方は関連する記事や書籍などをお読みいただければ、その革新性がご理解いただけると思います）。

こういった変化により、ｗｅｂ３では中央集権ではない組織化と、個人の成果に合った報酬体系が急速に整備されつつあります。ｗｅｂ３時代に合った人材を求める企業などがブロックチェーンで組まれたファンドに投資し、経済的事情などで十分な学習機会を得られない子どもたちの学習を支援し、そこで育成された人材を採用するという産学一体となった就学支援の仕組みなど、教育の領域にもｗｅｂ３がポジティブな変化を生み出しています。多くの学習支援はネット上で、単なるリモート授業ではなく多様なインタフェースを用いて行われますので、ニューロダイバージェントにとってはますます個性を活かしやすくなるでしょうし、選択肢もどんどん広がっていくはずです。

また、ｗｅｂ３で編成された組織には、単一の経営者もいなければ、査定を行う人事担当者も存在しません。緩やかな意味でのプロジェクトリーダーが存在することもありますが、その性質上トップダウンとはなりえず、皆がそれぞれの得意分野や関心に沿って自らの意志で何かを作り、そのパフォーマンスが機械的に評価され、人間的評価や勤務態度が考慮に入ることはありません。面接や会議が苦手で、人の顔色をうかがうことにもうかがわれることにも多大な苦痛を覚える多くのダイバージェントにとって、働きやすい環境といえそうです。

もちろん、すべての労働環境がｗｅｂ３になるわけではありませんし、比率でいえばむしろ少数派なのかもしれません。ｗｅｂ３上の生産活動は良くも悪くも自己責任原則が強くなりますので、強度のケアを必要とする人にとっては適応が難しいものでもあります。ただ、これまで学習やビジネスの主たるメンバーシップから外されてきた人たちにとって、活躍できる場が広がることは間違いありませんし、何よりも「普通」でなければならないという社会的なプレッシャーは、限りなく小さくなっていくのではないでしょうか。

AIがダイバージェントとティピカルを橋渡しする

さらにＡＩとニューロダイバーシティの関係についても考えてみます。

人間の言語（自然言語）によるプロンプト（指示、質問）に応答してテキストや画像、動画、プログラムなどを生成することができる生成的人工知能は、すでに社会に広く知られています。最も有名なのはChatGPTですが、時々おかしな応答をすることも含めて、遊んでみたことがある人も多いことでしょう。

コンピュータが使う言語（マシン語）は、0と1の無数の組み合わせに過ぎません。これをそのまま人間が扱うのは困難なので、ところどころに自然言語に近い表現を入れ込んだプログラミング言語が開発されてきました。0と1に近ければ近いほどコンピュータの処理速度は速く、プログラムの容量も小さくなります。

たとえば入門用の言語として広く使われた「BASIC」には、「input」「if...then」「go to」など英単語が多く組み込まれ、英語話者が直感的に理解しやすくなっていましたが、人間に寄せている分だけ処理速度はかなり落ちます。現在ではマウスやタップの操作だけで入力できるビジュアル言語の「Scratch」などが教育現場で広く使われていますが、コンピュータ側の処理能力が飛躍的に向上したことで相当に人間寄りになっていても、それなりの処理速度を維持できるようになりました。

この歴史は言い換えれば、マシン語と自然言語のブリッジ（橋渡し）の歴史です。

たとえば会議やインタビューなどを録音し、文字に起こして、さらにすらすらと読める文章に整えた経験のある人ならわかると思いますが、人間の発話は逸脱や例外の連続で、言葉の意味や文法規則だけで理解しうるものではありません。会話の現場では理解できていたはずなのに、文字起こしを前にして全く意味が取れなくなるということもしばしばです。つまり人間の言語的コミュニケーションは、会話する人たちが過去に行ってきたコミュニケーションによるコンテクストや、身振り手振りや表情などの非言語的コミュニケーションでかなりの部分まで補強されているのです。

非言語的コミュニケーションを含まないはずの文章表現でも、そもそも語義や文法を完璧に使いこなせる人などほぼ存在しませんし、書く側は無意識に読む人との暗黙の了解に頼ってしまう文章を書いてしまうので、コンピュータやＡＩがテキストの意味を理解するのは、かなり困難な行為なのです。コンピュータに自然言語を理解させる研究は長年にわたって行われてきましたが、近年まで実用レベルとはほど遠いものでした。

生成ＡＩは膨大なデータから、膨大な理解のパターンを作り出しては検証し、より正確と思われるパターンを蓄積し、さらに他のパターンと競わせ……というプロセスを恐るべき速度で常時実行し続けることで、プロンプトの理解とアウトプットの精度を高める仕組みです。まだ不完全ではありますが、生成ＡＩは自然言語とマシン語のブリッジを、膨大な試行と検証で実用レベルにまで一気に引き上げました。

たとえば「Google 翻訳」などの翻訳サービスは、初期は使い物にならないと笑い草になっていましたが、今ではビジネス文書の草稿に使われるのが当たり前になっています。その飛躍的向上がいつ起こったのか、思い出せる人は少数だと思いますが、ビッグデータや生成ＡＩの技術は幾何級数的に飛躍していく性質があるので、人間の実感と進歩のスピードが合致しにくいのです。

さて、多くのニューロダイバージェントは、対人コミュニケーションに何らかの困難を抱えがちです。これは言い換えれば、自然言語や非言語的コミュニケーションの困難ともいえます。しかしプログラミングをする時に、「もう少し温かみのある言い回し」や「トゲのない表現」などと、ニュアンスを含ませる必要はありません。つまりダイバージェントにとっては、そもそも「機械寄り」のコミュニケーションのほうが容易だということがありえます。実際にプログラミングや数理処理を得意とするダイバージェントは実に多く、無意味——あくまでも「無意味としか思えない」人たちにとっては無意味、という意味ですが——としか思えない表現上の礼儀や気遣いに注ぐエネルギーが、彼らにとっては足枷だったということは少なくありません。

ところで、言語表現に「人間的」なニュアンスを含ませることは、今の生成ＡＩには難しいことではありません。となると、生成ＡＩがブリッジするのはダイバージェントとコンピュータというよりも、むしろダイバージェントとティピカルなのかもしれません。ｗｅｂ３がそうであるように、生成ＡＩもまたダイバージェントと実社会の間のバリアを小さくし、社会参加を促進するテクノロジーなのです。

ダイバーシティが「AIにできないこと」を拡張する

さて、この章の冒頭で私は「シンギュラリティはおそらく到来しないであろう」といいました。ここまで見てきたように、ｗｅｂ３は人間のダイバーシティを制約する枷を取り払う可能性がありますし、生成ＡＩはニューロダイバーシティだけではなく、言語や国籍、性別や身体のダイバーシティの橋渡しをしつつあります。

しかし、これらのテクノロジーには、この本で何度も語ってきた「内在的動機」がありません。価値観も倫理も、目指すべきゴールもありません。少子高齢化と人種差別、環境破壊のどれが最優先すべき課題なのかを、テクノロジーに決定することはできないのです。それらはすべて、リアルな現実を生きている私たちが、テクノロジーにインプットしなければならないものです。

一ついえることは、これらのテクノロジーは脳の神経系を模した構造になっていることから「ニューラルネットワーク」といわれますが、ニューラルネットワークはインプットの量と多様性が増大することで、どんどん賢くなっていきます。ティピカルだけではできないインプット、ティピカルだけのコミュニティからは生まれないプロンプトが、ダイバージェントによってなされることで、私たちはどんどんバリアフリーでシームレスな、多様性が多様性のまま存在できる社会を生きることが可能になるはずです。

「好き」や「得意」の種火に、風を送り込むように

心理発達相談員・スクールカウンセラー　大庭亜紀さんに聞く

地元のこども発達相談センターで心理発達相談員とスクールカウンセラーとして活動されている大庭亜紀さんは、DIR/Floortime®（フロアタイム）の講座を受講し、認定を取得されました。現在は子どもの個人差に合ったアプローチを、相談場面や学校等で提案されています。

また、大庭さんのご長男は自閉スペクトラム症で、幼児期や就学前の検診では「異常なし」の所見だったために、就学前後は必要な支援を受けられませんでした。発達障害者支援法が成立した小学校2年生からは合理的配慮を受け、その後進学し、大学院では分子生物学を学び一般雇用で就職しました。現在は伊藤が学長を務める千葉工業大学のオンライン講座でｗｅｂ３を学びつつ、転職を検討しているとのことです。

大庭さんにFloortimeのこと、ご長男の子育てを経験し得たものなどを伺いました。

大人が子どもの世界に入り込む

――そもそも子どもに対するFloortimeのアプローチにはどんな特徴があるのでしょうか。

Floortimeは、お子さんの感覚と運動の特性に焦点を当てています。まずは、五感（聞く、見る、触る、嗅ぐ、味わう）と、体性感覚（固有覚、前庭感覚、内受容感覚）に反応するお子さん特有の方法を注意深く観察し、理解していきます。そして個人の感覚や運動の「調整能力」は、周囲の環境からも影響を受けます。何がお子さんを圧迫し、何が集中させない原因なのか？　を考えることが重要です。

五感へのアプローチの一例としては、長男を育てた自宅は白と木目を基調としたシンプルなつくりになっていました。郊外なので小さな庭があり、室内外に植物がたくさん育っていて、葉の色や花の匂いの変化が季節の移り変わりを感じさせてくれました。

長男が大好きだった食虫植物が玄関で生い茂っており、蚊やアリなどを食べる様子を観察することもできました。長男は小学生の頃、登校途中でアリを見続けたり、ズボンのポケットにダンゴムシを大量に入れて帰ってきたりしましたが、感覚のインプットのユニークな子だと思って家族は見守り、一緒に楽しむことにしました。

長男が拾ってきた幼虫が部屋のカーテンで蛹《さなぎ》になり、アゲハ蝶が部屋の中で飛び立ったこともありましたが、それごと自由研究の題材になりました。

他者との集団生活が苦手な長男がキャンプへ参加した時、脱皮した蛇の抜け殻をとても嬉しそうに持って帰ってきました。本人が楽しいと思っていることを一緒に共有し、コミュニケーションの輪を広げていくことはFloortime的なアプローチでした。周囲の大人が子どもの世界に入り込み、一緒に楽しむことはお互いの信頼関係を育みます。

――Floortimeとの出会いは？

ジョイ（伊藤穰一）さんのHENKAKU Discord CommunityをPodcastで知ったのがきっかけです。Discordのneurodiversityチャンネルの中では育児や教育について、チャットでさまざまな立場の方々とおしゃべりできました。皆さんの生活している国や地域の子育て事情が違うため、とても視野が広がりました。実際にコミュニティの方々と会って、話ができるリアルイベントもありました。

その中でジョイさんからFloortimeを紹介されたことがあり、私も講座を受けました。自分自身の子育てを通し、公認心理師や学校心理士、特別支援教育士の資格取得のための勉強をしてきましたが、日本の発達検査にも、アメリカ発の行動療法にも少し違和感を抱いていました。ところがFloortimeは最初からしっくりきたんです。

――最もしっくりきたのはどのようなところでしょうか。

日本の発達検査では、平均値からどれだけ外れているかにクローズアップするんです。たとえば論理性を見る問題があったとして、論理としては破綻していても、すごくユニークな発想の回答があったとします。私としてはその独自性や発想の自由さを評価したいのですが、検査はあくまでも平均値との差分を測り、発想の独自性はスコアになりません。検査の性質上しかたがない面もあるし、どこで誰が検査してもブレないことの意義もあるのですが、発達を調べる側の主観を差し挟む余地はありません。

でもFloortimeのアセスメント（子どもの発達段階を知るためのテスト）では、どんなやり取りをしてもよいため、すべて記録に残します。さまざまなツール（具体物等）を見せ、やり取りをする過程でリアクションがなかったとしても、「理解していない」「コミュニケーション能力がない」と判定はしません。さらに遊びを通してさまざまなプロンプト（内面を理解した上での発達を促す導びき）を出していきます。そして反応があったことをすべて記録します。

そこから先の段階では、子どもの興味関心のあるアイテム、たとえば積み木やブロック、おままごとの道具、車や電車、恐竜のフィギュアなどを使ってごっこ遊びをしたりします。とにかく新しいアイデアを出したり、工夫をしたことが評価されます。セラピストとの信頼関係が重視され、非常に自由度の高いアセスメントになるんです。今まで主体的に遊んできた子ほど、評価が高くなります。日本の検査は、求められたことに応じる訓練をするとスコアが上がる傾向があります。フロアタイムは、やり取りを通じて信頼関係を構築し、情緒面が安定することから、内在的なモチベーションにより自らアイデアを出せるようになります。指示に応じる訓練ばかりをたくさん積み上げた子にとっては、戸惑う感じにはなると思います。

いろいろな子どもを見てきた経験から言っても「できないこと」にアプローチするよりも、「興味のあること」や「やりたいこと」にどんどんフォーカスを当てるべきだと私は思います。親御さんやセラピストといっぱい遊んできて、いっぱい感情を使った経験のある子の発想や表現は、こちらがびっくりします。一方的な訓練ではなく、子どもとお互いに関わり合いながら、そのやりたいことを伸ばす。やっぱりこっちの道が大切なんじゃないかなと思いますね。

――行動療法にも、どちらかといえば行動を制約してしまうものがあるようですね。

報酬をモチベーションにしたり、プロンプトを発達段階別に細かく分けるようなカリキュラムには、どうしても違和感がありました。本人がやりたいと思っている方向に大人の側も向いたほうが、お互いに楽しいし、変なストレスもないから信頼関係も築けますよね。発達段階を細かく構造化するよりも、まずは落ち着いて夢中になれる時間を過ごすことが大切だと思います。

――ＮＳＩＴではFloortimeとレッジョ・エミリア・アプローチの両方を取り入れながら、オリジナルの教育や療育を行っていくことになっています。少しスピリチュアルなものやスパルタめいたものも含めれば、あまりにも多数の療育方法や理論が存在して、親とすればどういう基準で選べばよいかわかりにくくなっているように思います。悩んでいる親御さんに大庭さんはどのようにアドバイスをされますか？

まず環境はとても大切だと思います。環境は第三の教師と位置付けるレッジョの考え方は私もすごくいいと思います。「キャラクターのシールを貼っておけば子どもの目を惹ける」というのではなく、一見すると無機質でも、考える余白があり、想像力で自由に物語やイメージを見立てていける環境になっているかどうかは、一つのポイントだと思います。

単に心地良いかどうかだけではなく、物理的にも心理的にも安全性は担保されながら、主体的に行動できるかどうかが鍵なのでしょう。その点ではレッジョもFloortimeもほぼ同じ視点に立っていると感じます。

主体性と、その子の特性に合わせて、どうやって好奇心を育んでいくのかが重要なのでしょう。好奇心の火がすでに大きく燃え盛っている子もいれば、まだ小さな種火の子もいます。火が大きな子はレッジョのアトリエのように環境が整っていれば、自分でどんどん好奇心の対象を探していけるのですが、小さな種火の子は周りから少し風を送り込む必要があります。風の送り方も子どもによって異なるので、じっと待って観察することもあります。レッジョもFloortimeも、大人が焚き付けることはしないですよね。

あと、ジョイさんがやろうとしているニューロダイバーシティ、いろんな子を混ぜるということも私がすごくやってみたかったことです。うちは長男が自閉スペクトラム症ですけど、妹にとっては生まれてからずっと彼がいるので、慣れています。そのせいか妹の参観に行くと、隣の席に兄と似たタイプの子が座っていることが多く、楽しくやり取りしていました。相手のお母さんには「いつもご迷惑ばかりおかけして」と言われるのですけど、何も違和感なくお互いにコミュニケーションを取り合っていました。

小さいうちからいろいろな人と接していたら、たぶん障壁は何もないのかなと思います。逆に相談依頼を受けて巡回する学校や幼稚園では、それほど強い特性の子ではなくても、先生に「こういう子は初めて見ました。どうしていいかわからない」と言われることが多いので、小さい頃から多様性のある環境で育つということはメリットばかりのように思います。

合理的配慮のなかった時代

——ご長男のこともお聞きしたいのですが、小学校に上がるまではなかなか診断がつかず、大変な思いをされたそうですね。

知能の発達には遅れがないということで、経過観察になってしまったんです。でも明らかに多動で、家に飾ってあるものは全部なぎ倒すし、座ってご飯なんか食べられない。私はプロダクトデザインの仕事をしていたので、保育園に入れて働き続けたかったのですが、「こういう子は無理です」と全部断られました。長男は突然脱走することがあるので、家の窓やドアには二重ロックをかけていましたし、家の中にもゲージを巡らせていました。電話機やファックスも音がなると触りたくなって、落として壊しちゃうので、高い棚の上に置いたら上ってしまうし。テレビやビデオなど家電はほとんど壊されましたね。

結果的にシンプルになった自宅を開放して、近所のお子さんや保護者に遊びに来てもらいました。そして、長男が年少クラスの年齢になると、教会が運営している統合保育を行う幼稚園だけが受け入れてくれました。自然が豊かな園で、お子さんたちには多様性があり、先生たちの包容力も素晴らしかったです。保護者が人形劇をするイベントの日、打ち合わせも何もしていないのに最後は自然と子どもたちの大合唱になりました。日常でもたまたま流れてきたメロディに歌い出す子がいて、次々とほかの子も歌い出すので、映画の『サウンド・オブ・ミュージック』のような園でした。

――小学校に入ってから、ＡＤＨＤとの所見が出たんですね。

そうですね。担任の先生には「面倒を見るのは無理です」と言われました。当時は発達障害という言葉も浸透していなかったですし、そんな時代でした。ただ、私自身は知能指数についてはどうでもいいと思っているんですけど、ＩＱに遅れが見られないので、当時の基準では支援学級に入れられないということになったんです。担任の先生にとっても残念だったと思うんですけど、通常学級にいる限りは定型の子たちと同じルールでやってもらわないと困る、となって。毎日注意されるし、合理的配慮を受けられるわけでもないので、次第に発話がなくなって、家でも暴れるようになったんです。支援学級は親の希望があれば通わせられる場所なので、希望を出して移してもらいました。

そこの先生がすごく良かったんです。「元気だったの知ってるよ。急に元気なくなっちゃってビックリしたよ」と言ってくださって。転校した子がいて机が余っていたので、「ここ使っていいよ」と言ってくれたんです。校長先生も鷹揚《おうよう》で「そっちのほうがいいんじゃない？」となり、結局1年生はずっと支援学級で過ごさせてもらって、そうしたら、すごく元気になったんです。毎日工作をして、支援学級のみんなで天井に届くくらいの東京タワーを作ったりとか。

――自由ですね。

ただ、1年生の時に都内にある民間の子ども療育センターを紹介してもらって、Ｋ-ＡＢＣ（Kaufman Assessment Battery for Children：認知処理過程と知識・技能の習得度の両面から子どもの知的能力を評価するアセスメント。得意な認知処理様式を見つけ、指導・教育に活かすことを目的としている）を受けたところ、情報処理に特性があることがわかり、「将来は社会に出てほかの人と同じように仕事をしていくことを考えたら、どこかのタイミングで通常学級に戻したほうがいい」と言われたんです。さて、どのタイミングで戻そうかと考えていたら、2年からの担任の先生が「大丈夫ですよ」と言ってくださったんです。支援学級で受けたテストの点も見て、これなら大丈夫と思ってくれたそうです。療育センターからも細かな配慮のポイントを学校に伝えてもらったので、すごく助けられました。

楽しさの24時間を過ごさせたい

――情報処理の特性とは、具体的にはどんな？

同時に何かを行う同時処理は得意なんですが、手順を覚えたり、昨日の作業の続きを今日やるといった継次処理が苦手なんです。漢字の書き順とかも覚えられないので、漢字の一番下の部分から書き始めたりするんです。一回覚えても、しばらくしたら忘れちゃう。だからもう漢字は読めればいいや、ここに時間と労力を割くことはこの子にとって意味はないと考えるようになりました。

暗算も苦手でした。足し算と引き算は積み重ねでなんとかなっても、かけ算は九九がどうしても覚えられない。なので九九表をそばに置いて、割り算をする時に割る数がいくつ入りそうかを表で見る、というやり方をしているうちに、ある日突然、表が全部ビジュアルとして頭に焼き付いたそうです。

——視覚が優位なんですね。

　振り返ってみれば、そうですね。「同時処理」が得意というのは、視覚的・空間的なもののとらえ方が得意で、全体像がわかると理解しやすい、ということなんです。

　マンガや本を読むのも好きで、学校や地域の図書館にあった手塚治虫さんの『火の鳥』とか『ブッダ』とか、読めるものは全部繰り返し読んでいました。とくにバイブルになったのが、『マンガの描き方』という一冊で、ここに人間の感情を表情で描き分けたページがあるんです。これによって、人間の心情理解がものすごく進みました。ストーリーの組み立て方を木の成長や起承転結のイラストで表現していたので、物語の読解にも役立ちました。手塚治虫さんのマンガのシンボルやパ

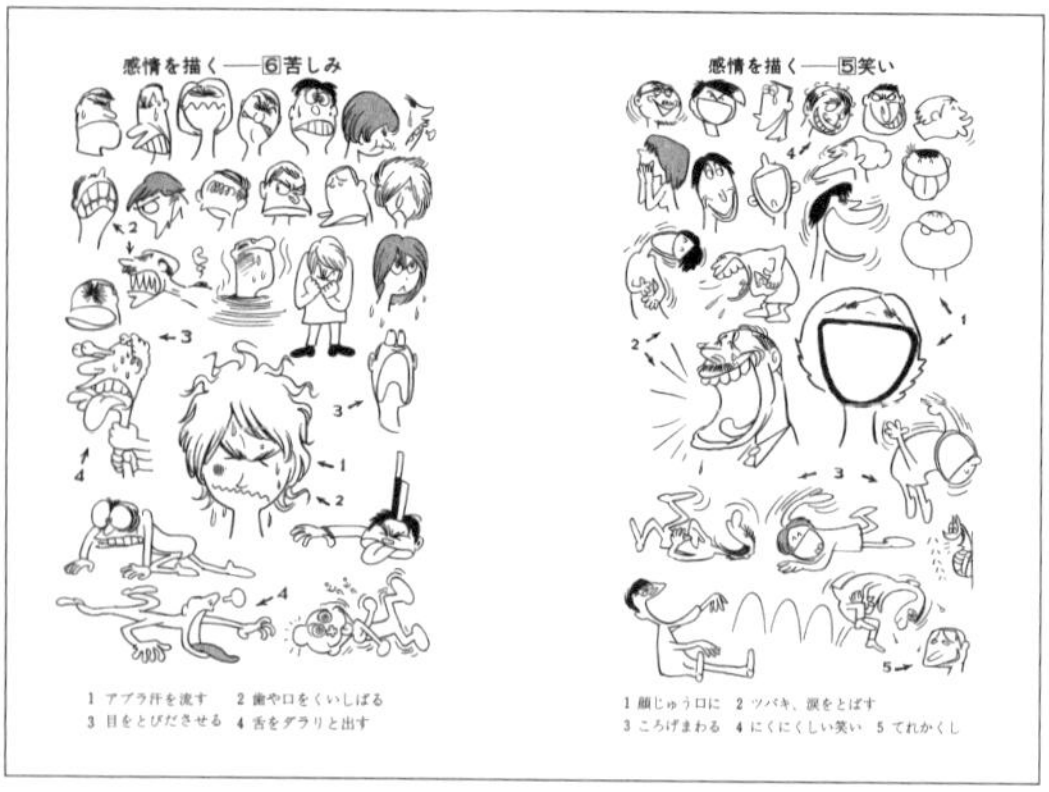

手塚治虫『マンガの描き方』より　©手塚プロダクション

ターンを理解することで、論理的に考えたり、俯瞰してとらえたりすることを後押ししたのかもしれません。

長男が小1の頃、よく遊んでくれていた祖父が亡くなりました。葬儀のために病院から自宅へ戻ってきた祖父に「お家に戻れて良かった」と話しかけて、しばらく一緒にいたのが印象的でした。

そういえば長男が中1の時に、ディスクレシアの啓発を行うNPOのイベントで、手塚るみ子さんと対談をしたんです。「(手塚作品の)どういうところが好きなの?」と聞かれて、「悪役が死ぬシーンに何ページも使っていて、その死に焦点を当てて、命の尊さを表現しているところがいい」というようなことを答えて、そんなことを考えられるようになっていたのかと驚いたことがあります。

できないことはたくさんあっても、そればかり取り組む苦行の24時間を過ごさせるよりは、得意なことや関心のあることに投じる楽しい24時間のほうがいいや、と思うようになりました。

私が仕事で相談を受けている時、保護者や担任の先生から「この子は努力していないだけじゃないのか」と言われることがあります。そういう時には、「利き手ではないほうの手で、あなたのお名前を書いてください」と実際に紙に書いてもらいます。そして、「100回書くとなったら、どんな感じでしょう?　学校で1時間目から6時間目まで、お子さんが苦手なものに取り組むということは、この辛さともどかしさがずっと続くことなんです」と説明します。その子に合った学び方があると思いますし、選択肢は子どもの数だけ必要なのです。

「好き」と「得意」で生きていく

——周囲に理解してくれる人が増えるのと比例するように、好きなことや得意なことが大きくなっていくんですね。

そうですね。それに好きなことや得意なことが大きくなると、苦手なことがあまり目立たなくなると思います。2年時の先生は柔軟な方でしたし、3〜6年の先生は中学から小学校に移っての初めて担任を受け持った方で、「いろいろ教えてください！」と言われました。なので、さまざまな研修で集めてきた資料をお渡ししたら「やってみます！」と言ってくださったんです。授業にもユニバーサルデザインを取り入れたり、教室の席も固定じゃないんです。「今日は吉野家！」と言って、机のコの字に並べてカウンターみたいにして、先生や生徒がコの字の中に入ったりするんです。今、その先生はユニバーサルデザインの授業を研究テーマにとても活躍されています。

——友達とのつきあいはどんな感じでしたか？

2年生くらいまでは、休み時間を過ごすのが苦手だったみたいです。何をしていいか途方に暮れるみたいで、校庭をフラフラとただ歩いていたり、一人で図書室へ行ったり。放課後も近所の公園で友達とかくれんぼやドロ刑（鬼ごっこ）で遊んでいても、フラッと抜けちゃう。でも周りの子が「オッケーオッケー」みたいな感じで、急に戻ってくると「うーんと、じゃあ、泥棒！」と中に入れてくれる。学校の授業でも、子どもたちにそういうニュアンスを与えてくれていたんじゃないかと思います。

――妹さんはお兄ちゃんをどう見ていたんですか？

「休み時間、今日も一人でフラフラしてたよ」みたいな感じで、学校の様子を教えてくれてはいました。ただ、仲良しグループの女の子のお兄ちゃんはすごく勉強ができたり、リレーの選手でマラソンも1位だったりするのに、うちのお兄ちゃんはイケてない、みたいなことをこぼしていたりはしましたね。

でも、仲良しグループとは別の子と図書室に行った時に、「あの子に聞けば何でも教えてくれるよ」と指さした相手がお兄ちゃんで、それは誇らしかったみたいです。どこに何の本があるのか、何ページに何が書いてあるのかも覚えていることもあるんだ、と。

――周囲も得意を伸ばしてくれるし、本人も伸ばし続けていたのですね。

そうですね。幼稚園の時はクラゲに、小学校に上がってからは食虫植物にハマっていました。千葉県内の成東《なるとう》というところには、食虫植物の原生林があるんです。そこに行くと、一日飽きずにずっと見ているんです。その後に入った大学も、食虫植物から派生して興味を持った生物学の講座で中学生くらいから通っていたところで、そのままそこで分子生物学を専攻しました。

——大学受験も周りの人と同じ環境とはいかなかったのでは？

中学生の頃から、大学が主催する合理的配慮のためのアセスメントやレクチャーを受けていました。夏には合宿があり、さまざまな障害のある生徒が社会との関係を一緒に学んでいました。

高校生になると、自分なりに特性について他者へ説明することもありました。高校の先生もとても丁寧に寄り添ってくださる方で、模試の時間を1・3倍にしたり、1・5倍にしたりと試してくれていたんです。合理的配慮で試験時間を1・5倍まで伸ばせるんですけど、そうすると夕方までになってしまって集中力がもたない。書字も苦手だから記述では点が取れないので、1次のマークシートで稼いでいくしかない。科目選択も含めて本人と相談しながらいろいろシミュレーションしてくれて、その大学に決めました。大きなキャンパスだと気分が悪くなるらしいのですが、その大学はこぢんまりとしていて、天井も低いから「ここがいい」と。入試当日は別室受験だったので、周囲に人が少なく、集中して取り組めたそうです。

満員電車にも一応乗れます。ただ、マスクにシダーウッドのアロマをつけたりとか、落ち着く工夫を自分でしていましたね。嗅覚には敏感で、いつの間にかアロマの資格も取りました。

――就職後に千葉工大でｗｅｂ３関連の講座を受けて、転職を目指しているそうですね。

最初の就職先は、途中から地方勤務になったんですけど、「この環境は難しいです」と企業側に伝えたそうなんです。だけど「断ったらもっと条件が悪くなる可能性がある」と言われて、一人暮らしをしながら残業もなんとかこなしていたそうなんですけど、だんだん会社に足が向かなくなってしまったみたいです。

ある日警察から「息子さんは帰られてますか?」と電話があったんです。会社にもアパートにもいない、と。自殺したんじゃないかと心配になって、メールを送っても返信がこないし、LINEを送っても既読がつかない。いよいよか、と思ったら「ごめんごめん、いま県立図書館」と返信が来ました。「閉館になったらアパートに戻るから」と。

検査・実験関係の職場で、生物学の知見は活かせていたのですけど、住み慣れた土地から離れて気候や交通事情の違う場所で暮らしたり、装置の駆動音が激しいクリーンルームで長時間作業するなど、さまざまな職場環境の変化に適応することは難しかったみたいですね。

web3を勉強して、オンラインでできることを探っているみたいです。現在は、先端ITのリスキリングと企業のインターンシップを受けています。どんどん、自分でできることの道を切り開いている感じがします。

長男の子育てを通して感じることがいろいろありました。当時の療育は行動療法が主体で、表面上の言動が定型発達のお子さんと同じようになるよう、矯正するタイプの方法が多かったように思います。そんな時代にもかかわらず、長男の気持ちに寄り添い、社会に対して一緒にサバイバルしてくださった方々に出会えたことは、素晴らしい宝物となりました。

発達には個人差があるため、カムフラージュの方法をたくさん覚えたところで、自分の人生を生きることが難しくなってしまいます。持って生まれた燈《ひ》を活かし、風を送り合える仲間と出会い、ユーモアを持って過ごしてほしいと願っています。

終章

「経験」が求められる時代へ

伊藤穰一

THE AGE OF EXPERIENCE

ＡＩが人間を完全に凌駕し、すべてを代替してしまう社会の到来について、私がかなり懐疑的であることはすでに述べました。ＡＩは価値観も、目指すべき未来も持っていないし、選択肢を提示することはできても自らの内在的動機から突き動かされて選ぶことはないからです。そして内在的動機をもたらすものは、多様な経験が折り重なってできた解釈の束であり、経験が多様であればあるほど、動機は強度を持ってさまざまな方向へと伸びていくことになります。

経験とは何か

動機と哲学の関係を考える時に、私がいつも念頭に置いているのは、京都学派の始祖と呼ばれる哲学者の西田幾多郎《きたろう》です。西田幾多郎が著書『善の研究』で提示した「純粋経験」という概念は、ティピカルとダイバージェントを分けずに混ぜるＮＳＩＴの挑戦に、強いインスピレーションを与えました。

西田の「純粋経験」において、私たちは経験する「主体」にすらなりえません。西田の考える経験とは、主体が現実から物質的な入力を受けて、主観や理論で解析し、解釈し、その意味を思考に定着させるといった体験ではないのです。西田は西洋哲学をはじめとする先人からはその思考法のみを学び、思索の中身からはなるべく影響を受けないようにしていたといわれます。学友の仏教哲学者、鈴木大拙《だいせつ》の影響もあり禅に打ち込み、西洋哲学と東洋哲学の融合を目指してなされたその思考をたどるのは、容易ではありません。

西田がその思考を、音楽の比喩で語った一節があります。要約すれば、音楽を聴くという体験は、音源が振動させた空気の波が聴覚を刺激して起こる物質的現象ではない。音楽を聴くという経験が、音源と私が分離されるよりも先立って存在しているのであり、経験とは主体と客体が不可分な状態で起こるものなのだ、ということになります。非常に難解で、簡単なイメージ化さえ拒む思索の凄みがあります。

経験することが困難な社会

西田の独創的な思索は、独創的であるがゆえにいまだに定まった解釈が存在せず、いわば、誰もが「私の経験した西田哲学」を語っている状況が続いているといえます。さまざまな経緯から大東亜共栄圏構想にも関わったことから、右翼的であるとの批判を受けることもありますが、この問題は大変に複雑で、ここでは触れません。

私が西田からの影響を受けて考えるのは、現代は経験よりも「解析」が先行している社会ではないか、ということです。かつて人類学者がこの世界から未知の「未開」が失われたことを嘆いたように、私たちは多くのことを経験する前に「知識」として知ってしまっています。さらには、その知識はすでに誰か（この誰かには当然ながらＡＩも含まれます）によって意味付けされ、分類され、補足情報や結論までがパッケージされています。そして、どのような属性を帯びた主体がその経験に適合し、どのように経験すればより得るものが多くなるかも、あらかじめ誘導されています。ブラウジングの傾向からユーザーの属性に合っているとされる広告を掲示するインターネットは、正しく現代社会の縮図そのものです。驚きが綿密に計算され尽くしたアミューズメントパークもまた、経験を正確にコントロールして我々に与えてくれる施設だといえるでしょう。

つまり私たちは、自分自身が主体として動機を持って行動しているかのように錯覚しながら、先回りされた経験という名の客体を与えてもらっている社会をすでに生きています。中央集権的な仕組みで分配される経験は、あらかじめそれにマッチした客体が選別済みで、誤配はほとんど起こりません。この繰り返しがビッグデータとして収集され、ＡＩによって意味付けされていくわけです。

このプロセスの無限の反復がもたらすものは、データの先細りです。経験も解釈もあらかじめデザインされているわけですから、得られるデータも予想通りのものになっていきます。ダイバーシティとは対極の、何も混じり合うことのない冷たい社会が待っています。

この本でたどってきたニューロダイバーシティの世界は、むき出しで手つかずの経験に満ちた、驚きの世界そのものに思えます。ティピカルの間では不変に見えた経験の分類は、ダイバージェントの手でぐちゃぐちゃにかき回され、新たな相貌を見せているはずです。ダイバージェントの発見や発想が固定化された常識を揺さぶり、ティピカルがダイバージェントの発想にインスピレーションを受ける時、ＡＩが生成するデータはどんどん多様性に満ちたものになるはずです。さらにｗｅｂ３のような、ダイバージェントにとっては安心できる活動環境がもっと整備されていけば、人間とＡＩとの関係はもっと有機的で温かいものになっていくことでしょう。

ニューロダイバーシティとは私たちに、むき出しで未分化の経験を取り戻させてくれる概念である――ひとまずはこのように結論付けてみたいと思います。

伊藤穰一（いとう・じょういち）
1966年生まれ。ベンチャーキャピタリスト、起業家、作家、学者として、主に社会とテクノロジーの変革に取り組む。2011年から2019年までは、米マサチューセッツ工科大学（MIT）メディアラボの所長に奉職。非営利団体クリエイティブコモンズの最高経営責任者のほか、ニューヨーク・タイムズ、ソニー、ナイト財団、マッカーサー財団、ICANN、Mozilla財団の取締役を歴任した。2023年より千葉工業大学学長。

松本理寿輝（まつもと・りずき）
1980年生まれ。2003年一橋大学卒業、博報堂入社。不動産ベンチャーを経て、かねてからの構想の実現のため、2010年ナチュラルスマイルジャパン株式会社を設立。認可保育所「まちの保育園」、認定こども園「まちのこども園」を都内6カ所にて運営。保育の場をまちづくりの拠点として位置づけ、豊かな社会づくりをめざしている。レッジョ・エミリア・アプローチ国際ネットワークの日本窓口団体「JIREA」の代表もつとめている。

普通をずらして生きる
ニューロダイバーシティ入門

2024年4月1日第1刷発行

著　者　伊藤 穰一　松本 理寿輝
編集人　藤吉 雅春
発行人　上野 研統
カバー画　fuco:
装丁・レイアウト　fairground
DTP制作　株式会社インフォルム
構　成　柳瀬徹
校正・校閲　聚珍社
発　行　リンクタイズ株式会社
〒106-0044 東京都港区東麻布1-9-15 東麻布一丁目ビル2F
TEL 050-1745-9033（代表）
発　売　株式会社プレジデント社
〒102-8641 東京都千代田区平河町2-16-1
TEL 03-3237-3731
印刷・製本　株式会社美松堂

ISBN 978-4-8334-4133-9